Lasst uns zocken!

Die Auswirkung des Computerspielens auf die Entwicklung beruflicher Kompetenzen

Marcel Wickert

© 2019 Marcel Wickert

Umschlaggestaltung, Illustration: Marcel Wickert

Verlag und Druck: tredition GmbH, Halenreie 40-44, 22359 Hamburg

ISBN Taschenbuch: 978-3-7482-4354-0
ISBN Hardcover: 978-3-7482-4355-7
ISBN e-Book: 978-3-7482-4356-4

Bibliografische Information der Deutschen Nationalbibliothek:
Die Deutsche Nationalbibliothek verzeichnet diese Publikation in der Deutschen Nationalbibliografie; detaillierte bibliografische Daten sind im Internet über http://dnb.d-nb.de abrufbar.

Inhaltsverzeichnis

Für Sabrina
Nicht alle Superhelden stammen aus Computerspielen

1. Einleitung

Über viele Jahre hinweg wurde der zunehmende Einfluss von Computerspielen auf ihre Nutzer unter den potenziellen Gefahren der Aggressionssteigerung, suchtähnlicher Abhängigkeit oder des nachhaltig negativen Einflusses auf die Lernfähigkeiten stigmatisiert. Zudem haben Erfindungen wie der Game Boy, das Super Nintendo oder die Play Station nicht nur das Spielverhalten, sondern auch die Gewohnheiten der Gesellschaft und der damals zumeist jugendlichen Nutzer verändert.

Heute ist die erste Generation der Computerspieler bereits erwachsen und da ein Großteil von ihnen noch immer regelmäßig in virtuelle Spielsituationen eintaucht, steigt durch den Nachwuchs an aktiven Computerspielern die Bandbreite an Nutzern stetig an. Dies lässt sich auch in der Vielzahl unterschiedlicher Genre und Titel erkennen, die die enormen Interessenfelder und Voraussetzungen der einzelnen Nutzergruppen nahezu komplett abdecken.

Während das traditionelle Spielen dadurch in maßgeblichen Bereichen durch virtuelle Spielwelten zunehmend abgelöst wird, steigt auch der Einfluss der Computerspiele auf ihre Nutzer. Wie bereits erwähnt, wurden und werden entsprechende Spiele seit langem sehr kritisch beäugt und sind das Zentrum vielschichtiger wissenschaftlicher Untersuchungen. Dabei konnten die gesellschaftlichen Befürchtungen in den meisten Fällen zwar nicht bestätigt werden, dafür allerdings einige positive Auswirkungen der Nutzung von Computerspielen verifiziert werden. Hier sind beispielsweise gesteigerte Fähigkeiten im Umgang mit Computern, technisches Verständnis oder Reaktionsschnelligkeit oftmals genannte Faktoren, die einer Nutzung positive Auswirkungen unterstreichen.

Auch vor diesem Hintergrund lässt sich ein bedeutender Anstieg an Forschungsarbeiten zu der Thematik des Einflussfaktors Computerspiele auf ihre Nutzer und die Gesellschaft verzeichnen. Dabei liegt der Fokus entsprechender Bemühungen in der Regel auf Beschreibung von Verhaltensänderungen.

Das Ziel des vorliegenden Buches beläuft sich auf eine explizite Darstellung des Einflusses von Computerspielen auf die Ausbildung von Fertigkeiten und Fähigkeiten, die vor allem von beruflicher Bedeutung sind. So ist neben einem Blick auf die historische Entwicklung von Computerspielen allgemein, zunächst abzugrenzen, inwieweit man diese als Kompetenzen ausgeschriebenen Befähigungen darstellen kann und wie sie sich prinzipiell in der Umwelt verändern und anpassen. Bereits hier lassen sich einige Problematiken ausmachen, da der Kompetenzbegriff als solcher keiner einheitlichen Definition unterliegt, sondern von vielen Autoren sachbezogen beschrieben und abgegrenzt wird. Vor dem Hintergrund einer Darstellung der Veränderlichkeit beruflicher Kompetenzen ist hier allerdings eine hinreichend genaue Abgrenzung vorzunehmen, welche sowohl der aktuellen Begriffsverwendung und -konzeption als auch des Einsatzes innerhalb dieser Ausarbeitung gerecht wird.

Grundlegend ist hierbei vor allem ein tiefgreifendes Verständnis der Strukturen die dem Kompetenzbegriff und seiner Wirkungsweise zugrunde liegen. So gilt es die hier verankerten Ebenen des kognitiven, methodischen, empathischen und sozial-kommunikativen Kompetenzensembles offenzulegen und nach einer Analyse der von Computerspielen ausgehenden Einflussfaktoren auf deren Ausbildung einzugehen.

Dabei ist vor allem der Bereich der Wirkungsweise oder Einflussnahme der Spiele ein zentraler Aspekt. Dabei geht es darum, wie die Spieler untereinander kommunizieren, ob sie sich den Herausforderungen einzeln oder im Verbund stellen, wie Handlungsfelder innerhalb der Spielwelten erschlossen werden können oder wie man Erfolge und Misserfolge verarbeiten kann. Zwangsläufig muss demnach auch ein Rückschluss auf der bereits angesprochenen Aggressionsproblematik erfolgen und die Gefahr einer sogenannten Computerspielsucht abgegrenzt werden. Ein besonderes Augenmerk liegt dabei weiterhin in der Motivation, welche als Grundvoraussetzung jeglichen Kompetenzaufbaus unverzichtbar ist und im Rahmen der Nutzung von Computerspielen dabei umfassend wahrgenommen wird.

2. Computerspiele

2.1 Definition und Beschreibung

Der Einzug der Computerspiele in die Spielkultur hat das Spielverhalten von Kindern und Jugendlichen wesentlich beeinflusst. Während für viele Nutzer diese Technologie erst im Jugendalter nutzbar wurde, sind jüngere Generationen mit diesem „Arbeits- und Spielgerät" wie selbstverständlich aufgewachsen.[1] Dabei existiert eine große Vielfalt sowohl in Bezugnahme auf die Anzahl der Spiele, der hierfür nutzbaren Plattformen und Konsolen als auch Genre und Themen. Insofern fällt es schwer, eine einheitliche und stringente Definition zu formulieren, die den Begriff „Computerspiele" vollständig umfasst. Allgemein lässt sich zunächst herausstellen, dass Computerspiele das Attribut „digital" aufweisen, sie also mittels elektronischer Geräte oder in digitaler Form genutzt werden.[2] Sie zeichnen sich außerdem dadurch aus, dass eine Spielsituation durch Bild- und Tonaufnahmen auf einem Monitor dargestellt wird und durch das Nutzen von Eingabegeräten (z.B. Joystick, Tastatur, Controller) verändert werden kann. Der Computerspieler sieht sich dabei stets wechselnden Situationen und Anforderungen gegenübergestellt, auf welche er sein spielerisches Handeln abstimmen muss. Dabei sind wichtige Elemente im Computerspiel animiert, d.h. sie sind veränderbar, nutzbar oder bewegbar.[3] Dennoch bietet die zeitgenössische Literatur eine weitgefächerte Bandbreite an Definitionen und Abgrenzungen, die das diese Thematik umreißen. Dies basiert auf dem Standpunkt, aus welchem die Thematik betrachtet wird und die eine mögliche Beschreibung

---

[1] Vgl.: KRAMBROCK, Ursula (1998), Seite 171.
[2] Vgl.: WIMMER, Jeffrey (2013) Seite 13.
[3] Vgl.: HÜTHER, Jürgen; SCHORB, Bernd (2010), Seite 62 ff.

entsprechend einfärbt. So lassen sich Definitionen aus Sicht der notwendigen Systemvoraussetzungen[4], der Kommunikation und Interaktion[5] oder dem Moment der virtuellen Welt finden.[6] Allgemein wird die Nutzung einiger Spiele mit Hilfe verschiedener Zusatzelemente in der Kopf- oder Fußleiste durch Tabellen, Schaubilder oder Menüleisten vereinfacht. Oftmals bietet dies die Option des Perspektivenwechsels innerhalb eines Spiels und enthält wichtige Funktionen zur Ergänzung des Geschehens und Ablaufs.[7]

Durch die Erfassung der sich wandelnden Gesamtsituation erhält der Spieler tiefgehende Einblicke in das Geschehen und den Handlungsablauf. Dies beläuft sich insbesondere auf die Bedeutung der Spielfiguren, ihre wechselseitigen Beziehungen sowie Fähigkeiten und Komponenten. Dieser Prozess, in dem der Nutzer einen Lernprozess auf der Grundlage seiner medialen Erfahrungen im Spiel durchläuft wird als „Computerspiel-Sozialisation" bezeichnet.[8]

---

[4] Ein System besteht aus vielen Bestandteilen, die untereinander in Verbindung stehen und zusammen ein komplexes Ganzes bilden. Dabei gibt es viele unterschiedliche Arten von Systemen, wie zum Beispiel ein soziales System. Allerdings haben alle Arten von Systemen vier Elemente: Objekte als Teile des Systems, Eigenschaften der Objekte und des Systems, Beziehungen zwischen den Objekten und eine Umgebung die das System umgibt. Vgl.: SCHLEGEL, Robin (2013), Seite 3 ff.

[5] Eine Kommunikation der Teilnehmer über ein Netzwerk, ist das letzte Merkmal von digitalen Spielen. Viele, jedoch nicht alle digitalen Spiele, weisen dieses Merkmal auf. Vgl.: SCHLEGEL, Robin (2013), Seite 3 ff..

[6] Spiele grenzen sich von der realen Welt ab. Obwohl Spiele oft auch in der realen Welt auftreten, ist das Künstliche ein entscheidendes Merkmal eines Spiels. Vgl.: SCHLEGEL, Robin (2013), Seite 3 ff.

[7] Vgl.: HÜTHER, Jürgen; SCHORB, Bernd (2010), Seite 62 ff.

[8] Vgl.: HÜTHER, Jürgen; SCHORB, Bernd (2010), Seite 62 ff.

2.2 Geräte und Gegenstände

Bezüglich des Hardwareeinsatzes unterscheidet man vier Spielformen:

(1) Arcade-Games zeichnen sich durch einen feststehenden Spielautomaten aus, wie sie vor allem in Spielhallen und Spielotheken zu finden sind. Eingabemittel sind dabei fest in den Spieleautomaten integriert. Das Spiel selbst wird i.d.R. nur durch unmittelbare Zahlung eines geringen Geldbetrages in Münzform nutzbar gemacht.[9]

(2) (Eigentliche) Computerspiele werden unter Nutzung von unterschiedlichen Formen von Personal-Computern (PC) gespielt. Während bis vor einiger Zeit die meisten Spiele durch auf- oder abspielen einer CD-Rom oder Bluray-Disc –früher auch durch Disketten- nutzbar gemacht werden, werden Spiele heute zunehmend durch Downloads der entsprechenden Software über das Internet installiert.[10]

(3) Konsolenspiele (Videospiele) nutzen als Hardware eigens für die Spielenutzung konzipierte Konsolen. Diese werden durch Nutzung des Fernsehgeräts abgespielt und sind durch abgestimmte Komponenten besonders für den Spielegebrauch ausgerichtet und werden ebenfalls durch CD-Roms und Bluray-Discs abgespielt. Ältere Videospiele wie beispielsweise das „Super Nintendo" werden mittels Kassetten abgespielt, wobei diese Methodik seit Einführung der „Play Station" in den 1990er Jahren überholt ist.[11]

(4) Tragbare Videospiele verbinden das Prinzip der Konsolenspiele in einem „All-in-one-Prinzip" mit der Option der Mobilität. Dabei sind Bildschirm, Eingabemittel, Stromversorgung und alle weiteren notwendigen Komponenten in

---

[9] Vgl.: HÜTHER, Jürgen; SCHORB, Bernd (2010), Seite 62 ff.
[10] Vgl.: HÜTHER, Jürgen; SCHORB, Bernd (2010), Seite 62 ff.
[11] Vgl.: HÜTHER, Jürgen; SCHORB, Bernd (2010), Seite 62 ff.

einer tragbaren Konsole integriert. Vorreiter und bekanntestes Modell ist dabei der Gameboy. [12]

Auch wenn diese Spielformen auf unterschiedlichen Ideen beruhen, laufen alle Erscheinungsformen auf den gleichen technischen Voraussetzungen, Grundideen und Spielabläufen, weshalb viele Spiele gleich für mehrere der oben beschriebenen Hardware veröffentlicht werden. [13]

---

[12] Vgl.: HÜTHER, Jürgen; SCHORB, Bernd (2010), Seite 62 ff.
[13] Vgl.: HÜTHER, Jürgen; SCHORB, Bernd (2010), Seite 62 ff.

2.3 Historie

Die ersten Computerspiele wurden bereits zu Beginn der 1960er Jahre entwickelt und trotz der noch sehr eingeschränkten Umfänge und Nutzerfreundlichkeit recht begeistert angenommen. So entwickelte ein Forscherteam aus Massachusetts ein simpel gehaltenes Weltraum-Geschicklichkeitsspiel unter dem Namen *„Spacewar!"*, welches heute allgemein als das Geburtsmoment von Computerspielen angesehen wird. [14]

Eine erste bedeutende Revolution entstand um 1972 durch die Firma *Atari*, welche unter der Leitung von Nolan Bushnell stand. Aufgrund der exorbitanten Publikumswirkung wurde das Spiel *„Pong"* ein sehr lukratives Produkt und ebnete den Weg für folgende Spiele. Hierbei ging es in einer Tennis-Simulation darum, möglichst oft einen Ball zu treffen und dabei so zu platzieren, dass dieser für den Gegenspieler nicht mehr zu erreichen war. [15]

In dem Nachfolger *„Breakout"*, dessen Entwicklung 5 Jahre später abgeschlossen wurde, hatte man erstmals auch die Möglichkeit ohne tatsächlichen Mitspieler und gegen einen Computergegner mit verschiedenen Schwierigkeitsstufen zu spielen. [16]

Neben der immer besser werdenden Grafik gewannen zunehmend auch die Inhalte der Spiele an Qualität. So basiert das aus dieser Zeit stammende Spiel *„Adventure"* einzig auf der Basis eines durch Texteingabe zu steuernden Inhalts. Dabei gibt der Nutzer zumeist durch Eingaben von „Yes" oder „No" an, wie sich die zentrale Figur im Spiel verhalten und somit die Spielsituation entwickeln soll. [17]

Durch einen Zusammenschluss der verschiedenen Entwicklungsrichtungen konnte der Markt weiter erschlossen werden, was

---

[14] Vgl.: WIMMER, Jeffrey (2013) Seite Seite 16.
[15] Vgl.: WIMMER, Jeffrey (2013) Seite Seite 17.
[16] Vgl.: WIMMER, Jeffrey (2013) Seite Seite 16.
[17] Vgl.: WIMMER, Jeffrey (2013) Seite Seite 16.

zunächst durch Arcarde-Spiele gelang. Hierbei waren vornehmlich Titel wie *Pac-Man* oder *Space Invaders* beliebt und gelten daher auch heute noch als Klassiker in diesem Genre.[18]
Mit der voranschreitenden Entwicklung von immer leistungsfähigeren Computern stieg auch die Möglichkeit der Spielevarianten. So wurde zu Beginn der 1990er Jahre durch *Nintendo* eine wegweisende Entwicklung vorangetrieben. Das bereits von Atari umgesetzte Konsolenprinzip wurde weiter ausgebaut und mit neuen Grafikmodulen und breiter aufgestellten Nutzungsmöglichkeiten genutzt. Später wurde mit der Einführung der *„Play Station"* von *Sony*, die erstmals eine Spielekonsole auf Basis der Nutzung einer CD-Rom kreierte, die Generation an Computerspielen begonnen, die auch heute noch für moderne und weit entwickelte Computerspiele steht.[19]
Dabei trägt auch das Internet einen beträchtlichen Weg zur Spieleentwicklung bei. Heute besteht ein großer Teil der Computerspiele zumindest in Teilen aus der Basis eines virtuellen Austauschs übers Internet. Es können Spieler gegeneinander oder miteinander spielen, Ergebnisse können verglichen oder sich über ihre Fortschritte ausgetauscht werden. Ein besonders beliebtes Spiel ist dabei *WoW (World of Warcraft)*, in dem die Spieler in einer Fantasiewelt gegen computergesteuerte Monster und Mitspieler kämpfen.[20]
Verglichen mit den Anfangsjahren haben Computerspiele heute allerdings i.d.R. den Status einer hohen „Verderblichkeit". Diese ist zurückzuführen auf eine ständige Neu- und Weiterentwicklung von einzelnen Spielen und Spieleserien. Die Verderblichkeit wird durch die Gefahr von Schwarzkopien dabei noch verstärkt.[21]

---

[18] Vgl.: WIMMER, Jeffrey (2013) Seite Seite 16.
[19] Vgl.: WIMMER, Jeffrey (2013) Seite Seite 16.
[20] Vgl.: WIMMER, Jeffrey (2013) Seite Seite 16.
[21] Vgl.: KRAMBROCK, Ursula (1998), Seite 171.

2.4 Nutzer

Zunächst lässt sich abgrenzen, dass Computerspiele hinter dem Fernsehen zu dem am zweithäufigsten genutzten Medium avancieren. Dabei steigen die Zahlen der Konsumenten nach wie vor an, so dass heute bereits fast 80% der Jugendlichen regelmäßig Computerspiele nutzen. Weiterhin wurde festgestellt, dass fast jedes Kind im Alter zwischen 6 und 13 Jahren in irgendeiner Weise Berührungspunkte mit dem Medium Computerspiele durchläuft.[22]

Auch wenn deutlich weniger Mädchen als Jungen an virtuellen Spielen teilnehmen, lässt sich erkennen, dass Mädchen zunehmend öfter zu Computerspielen greifen als früher. So liegt der Anteil der Personen die überhaupt keine Computerspiele nutzen heute bei deutlich unter 20%.[23]

Die Spieler selbst lassen sich dabei vor allem auf der Grundlage der Motivation ihres Spielens kategorisieren. Der Spieledesigner Bartle typologisiert die Spieler vor diesem Hinblick gemäß in vier Gruppen, wie in der nachstehenden Grafik dargestellt wird.

---

[22] Vgl.: WIMMER, Jeffrey (2013) Seite Seite 46 ff
[23] Vgl.: RING, Wolf-Dieter (2010).

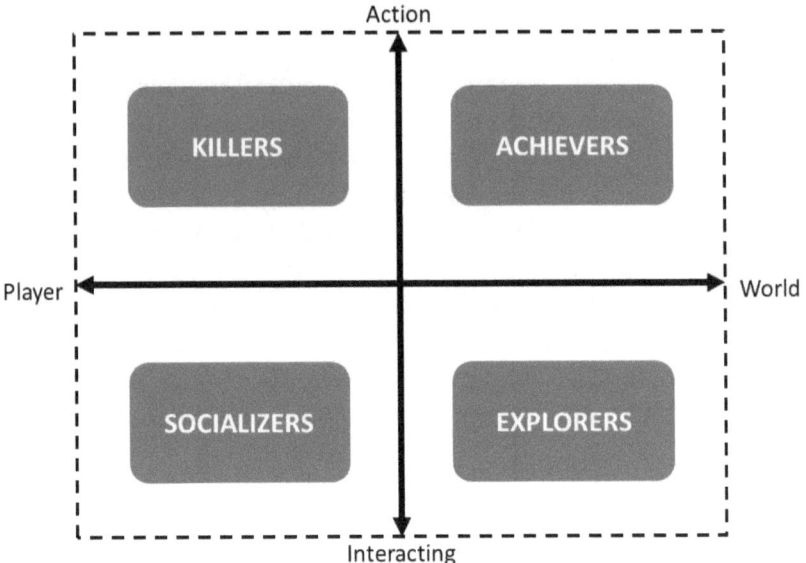

Abb. 1: Player Types
(Quelle: Designing virtual wolrds, Richard Bartle, 2003)

Auch wenn diese Eingliederung einer stetigen und kritischen Betrachtung unterliegt[24], hat sie auch heute noch bestand und wurde
lediglich durch Yee im Jahre 2006 auf der Grundlage einer langfristig angelegten Studie auf der Grundlage von Rollenspielen erweitert.[25]
Eine repräsentative Untersuchung bezüglich der Nutzerbeziffe-
rung auf der Grundlage der Genres leisteten Quandt/Wimmer
2009. Dabei ergab sich folgendes Bild[26]

---

[24] Man kann darstellen, dass diese Untersuchung alleine auf der Basis von
MUDs –Spielen bei denen mehr als eine Person im Zentrum der Handlung
steht- läuft. Spieler die alleine und ohne reale Mitspieler spielen, werden bei
dieser Typologisierung nicht berücksichtig.
[25] Vgl.: WIMMER, Jeffrey (2013), Seite 46ff
[26] Vgl.: QUANDT, Thorsten; Wimmer, Jeffrey (2007), Seite 169 ff.

20

Genre/ Altersklassen	Erwachsene	Jugendliche	Gesamt
Rollenspiele	68,7%	65,3%	68,3%
Actionspiele	44,0%	60,0%	45,8%
Strategiespiele	35,1%	37,3%	35,4%
Sportspiele und Simulationen	14,2%	11,8%	14,0%

Tabelle 1: Auszug aus Spielenutzung, differenziert nach Erwachsenen versus Jugendlichen (Mehrfachnennungen möglich) (Quelle: Quandt/Wimmer 2009; 186)

So zeigt sich, dass Rollenspiele sowohl bei den Erwachsenen als auch bei den Jugendlichen am häufigsten genutzt werden, was sich mit der bereits vorab getroffenen Aussage deckt, dass gerade diese Spiele aufgrund einer starken und langfristigen Identifikation einen besonders motivierenden Einfluss auf die Nutzung mitbringen.

Der besondere Einfluss von Computerspielen auf jugendliche Heranwachsende ist ein stark diskutiertes Thema. Da hier die – wenn auch abnehmende- mit deutlichem Abstand größte Zielgruppe von Konsumenten liegt, sind gerade Kinder, Schüler, Studenten und jungen Berufstätige oftmals im Fokus von Umfragen und Untersuchungen zum Nutzungsverhalten.

Die KIM-Studie analysierte 2010 sowohl den Gerätebesitz als auch dessen Nutzung auf dieser Basis. Wie in der nachfolgend aufgeführten Grafik dargestellt hat sich demnach die Mediennutzung allgemein, aber vornehmlich die Nutzung von Spielekonsolen in den letzten zehn Jahren mehr als verdoppelt.

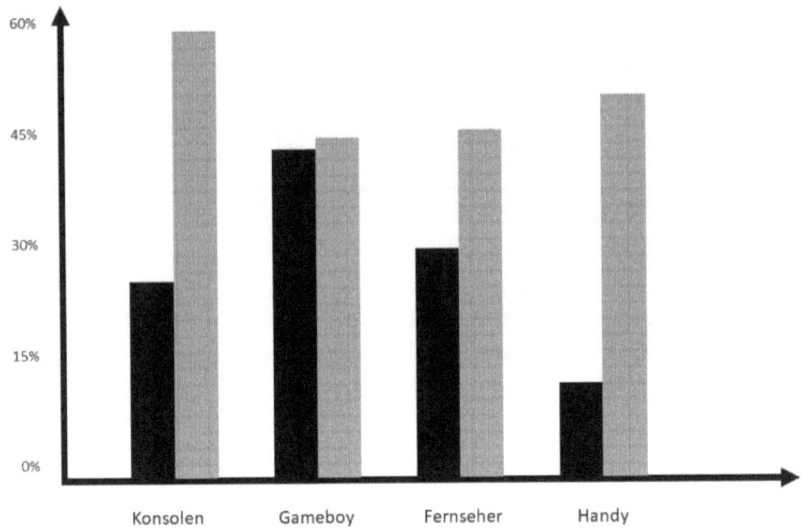

Abb. 2: Gerätebesitz von Kindern im eigenen Zimmer (Möller, Glaschke: Computersucht. Was Eltern tun können, Seite 64)

Dabei liegt der prozentuale Anteil von jungen Computerspielen noch deutlich hinter den Erwartungen und belegt lediglich den vierten Platz in der Rangordnung der täglichen Freizeitbeschäftigungen von Kindern und Jugendlichen.[27] Betrachtet man allerdings das Medium „Computer" als Zusammenschluss von PCs, Konsolen, tragbaren Konsolen und Handys, so zeigt sich, dass vor allem Jungen dieses Medium zu Spielzwecken nutzen, während Mädchen auch ausgewogen den Einsatz für Schule und andere Freizeitaktivitäten nutzen.[28]

---

[27] Vgl.: MÖLLER, Christoph; GLASCHKE, Vanessa (2013), Seite 64.
[28] Vgl.: MÖLLER, Christoph; GLASCHKE, Vanessa (2013), Seite 64

Nimmt man alle Nutzer zusammen, spielen noch immer fast ein Viertel der gesamten Bevölkerung in Deutschland regelmäßig Computerspiele. Dabei lässt sich allerdings ein Trend erkennen, nachdem die Nutzung mit zunehmendem Alter abnimmt. Interessant ist dabei auch die Erkenntnis, dass es nur selten Spieler gibt, die ausnahmslos alleine Spielen. Jedoch steigt diese Zahl mit zunehmendem Alter stetig an. Hierfür werden die Gründe in fehlenden Mitspielern bei der für die Zielgruppe ausgerichteter Spiele gesehen.[29]

Dennoch bleibt Computerspielen der Ruf inne, eine Spielform zu sein, welche den sozialen Kontakt zu anderen (Mitspielern) nachhaltig negativ beeinflusst. Oftmals spricht man sogar von einer Ausgrenzung sozialer Kontakte, da man weitestgehend nur alleine spielen könne. Hier lässt sich vornehmlich das Genre der Ego-Shooter als Spielform fokussieren, die diesen Ruf nachhaltig geprägt hat. Als „rotes Tuch" für Erzieher und Pädagogen ist dieses Genre ohnehin Ausgangspunkt vieler Kritikpunkte, die oftmals unreflektiert auf andere Spielformen übernommen werden.[30]

Dabei weisen nachweislich gerade Ego-Shooter eine sehr hohe soziale Komponente auf, da sie das soziale Miteinander (wenn auch in einer oftmals stark wettbewerbsbezogenen Variation) fokussieren. So konnte festgestellt werden, dass Spiele dieser Art nur dann langfristig gerne gespielt werden, wenn man (z.B. online oder im Netzwerk) mit und gegen andere reale Mitspieler spielt. Spielt man ausschließlich gegen den Computer, ebben die Motivation und damit die Spielenutzung schnell wieder ab.[31]

Dahingehend lässt sich auch ein Trend erkennen, nach dem zunehmend Spielevarianten entwickelt werden, die sowohl online oder zuhause gemeinsam gespielt werden können. Selbst

---

[29] Vgl.: TÖPFER (2015)
[30] Vgl.: WIMMER, Jeffrey (2013), Seite 66ff.
[31] Vgl.: WIMMER, Jeffrey (2013), Seite 46ff.

Rollenspielserien oder Simulationen bei denen eine gemeinschaftliche Nutzung zunächst eher destruktiv scheint, werden gerade auf das soziale Moment ausgerichtet. Als populäres Beispiel lässt sich hierbei u.a. *Resident Evil* nennen; ein Rollenspiel des Entwicklers *Capcom*. Der Spieler kämpft in einer von Zombies überfüllten Welt um das Überleben und löst dabei verschiedene Rätsel. Nachdem die ersten Teile dieser Reihe ausnahmslos als Singlegame ausgerichtet waren, enthalten die neueren Teile zuweilen nur noch die Option mit einem Partner (online oder im Multiplayermodus) zu spielen. Ähnliches lässt sich auch für Spieleserien wie *FIFA* oder *Grand Tourismo* sagen, deren Nutzung ebenfalls zunehmend auf Mehrspielervarianten zugeschnitten wird.[32]

---

[32] Vgl.: WIMMER, Jeffrey (2013), Seite 46ff.

2.5 Genre

Bereits seit Beginn der Computerspielekultur kristallisieren sich verschiedene Genre heraus, in welche sich die Spieltitel zuordnen lassen. Im Folgenden werden die Hauptkategorien dargestellt und sollen im weiteren Verlauf einer detaillierten Betrachtung unterliegen;

* Gesellschafts- und Strategiespiele
  Tabelle 2: Gesellschafts- und Strategiespiele

Beschreibung	Hierbei ersetzt der Computer (bzw. die Konsole) das traditionelle Spielbrett. In der Folge kann der Nutzer gegen einen virtuellen oder anwesenden Mitspieler spielen. Der Computer kann i.d.R. als eigenständiger Spieler fungieren und verfügt über unterschiedliche Spielstärken. Eine interessante Studie zeigt hierbei allerdings, dass durch den Verfall des Neuheitswertes auch die Nutzung des Computerspiels nachlässt und folglich wieder zunehmend auf das Original zurückgegriffen wird.
Notwendige Fähigkeiten	Vor allem werden Geschicklichkeit, hohe feinmotorische Fähigkeiten, Stressresistenz, Ausdauer und ein ausgeprägtes Konkurrenzdenken zur Nutzung gefordert.

Motivation	Die eigene Geschicklichkeit im sozialen Vergleich zu testen, ohne dabei eine weitreichende Gefahr für den realen Alltag einzugehen ist eine der psychologischen Anreize, welche die Nutzung verstärken. [33]

- Jump-and-run, Geschicklichkeitsspiele, „Ego-Shooter"
  Tabelle 3: Jump-and-run, Geschicklichkeitsspiele, „Ego-Shooter"

Beschreibung	Die lange Zeit am weitesten verbreitete Spielform beläuft sich auf das Absolvieren eines Labyrinths (Dungeon), in welchem der Nutzer verschiedenen Rätseln, Problemen und Aufgaben ausgesetzt ist. Diese sind zu bewältigen um das Bleiberecht im Spiel zu erlangen und einen Fortschritt innerhalb der Handlung zu bewirken. Dabei ist eine Erfolgskontrolle jederzeit möglich (z.B. durch eine ständige Punktekontrolle). Als bekannteste und erste Formen dieses Genres lassen sich Spiele wie „Pac-Man" oder „Super Mario" nennen. Heute sind vor allem Spielereihen wie „Battlefield" oder „Halo" beliebt.
Notwendige Fähigkeiten	Eine intensiv trainierte Geschicklichkeit, Stressresistenz, Ausdauer und Lösungsorientierung unter enormen Zeitdruck sind die besonders beanspruchten Fähigkeiten.

---

[33] Vgl.: KRAMBROCK, Ursula (1998), Seite 173 ff.

Motivation	Neben der Funktionslust des Spiels an sich und einem vergleichsweise einfachen Einstieg lassen sich das Streben nach Gewinnen sowie die Lust auf den Sieg als psychologische Anreize zur Spielnutzung charakterisieren.[34]

- Simulationen und Sportspiele

Tabelle 4: Simulationen und Sportspiele

Beschreibung	Wie der Name bereits verdeutlicht handelt es sich bei dieser Spielekategorie um einen möglichst realistischen Teilabgleich der Realität. Dabei werden verschiedene Themen aufgegriffen (z.B. Fliegen eines Flugzeuges) und auf bestimmte Komponenten heruntergebrochen (z.B. das Bedienen der Maschinen). Dieser Auszug wird dann möglichst realistisch nachgestellt. Während bei Sportspielen nach wie vor das Gewinnen im Zentrum der Aktivität steht, sind andere Simulationen oftmals ohne dieses Konkurrenzmoment ausgestattet. Vorgänger finden wir dabei bereits auf traditionellen Kirmesgeschäften, wie Schiffschaukeln und anderen Karussell. Der Ursprung der Entwicklung liegt im militärischen Bereich, wo eine Simulation verschiedener Gerätschaften Trainingseffekte und Anwendungsgeschick verstärken soll.

---

[34] Vgl.: KRAMBROCK, Ursula (1998), Seite 173 ff.

Notwendige Fähigkeiten	Neben Ausdauer und Stressresistenz sind gute Fähigkeiten der Feinmotorik und allgemeinen Belastbarkeit notwendig.
Motivation	Die Nähe zur Situation, eine möglichst realistische Grafik und die Beherrschbarkeit eines Problemfeldes sind hierbei die grundlegenden Motivationen zur Nutzung.[35]

- Adventures

Tabelle 5: Adventures

Beschreibung	Adventures sind als Mischform von Jump-and-Run sowie Flug- und Kampfsimulationen ein fester Bestandteil der modernen Computerspielwelt. Dabei übernimmt der Spieler zumeist die Rolle eines bestimmten Charakters um sich in komplexen und kreativen Spielsituationen zu behaupten. Daher wird der Name des „Rollenspiels" hierbei synonym verwendet. Der Ursprung der modernen Adventurespiele findet sich in sogenannten Textadventures, welche auf rein schriftlicher Basis fungieren, dabei verschiedene Situationen beschreiben und jeweils eine Entscheidung des Spielers verlangen. Heute sind Adventures vor allem aufgrund der fortschrittlichen Grafik und ausgearbeiteten Charaktere beliebt.

---

[35] Vgl.: KRAMBROCK, Ursula (1998), Seite 173 ff.

	Populäre Beispiele sind dabei „*World-of-Warcraft*" oder „*Batman*".
Notwendige Fähigkeiten	Geschicklichkeit, Geschwindigkeit, Labyrinthsuchläufe, Hartnäckigkeit, Ausdauer und Problemlösen sind die hier am ehesten geforderten Kompetenzen.
Motivation	Sensationen am laufenden Band, phantastische Märchenwelten, Sensationen am laufenden Band ohne reales Risiko sind die psychologischen Anreize zum Spielgewinn. [36]

In sehr ähnlicher Form, in Details allerdings etwas abweichend beschreibt die Unterhaltungssoftware Selbstkontrolle (USK) einen Genrebaum, der vor allem die sog. „Shooter" als eigene Klassifizierung eingliedert und auch Inhalte die nicht direkt im Spielbezug stehen (z.B. Bonusmaterial und Trailer) umfasst.:

---

[36] Vgl.: KRAMBROCK, Ursula (1998), Seite 173 ff.

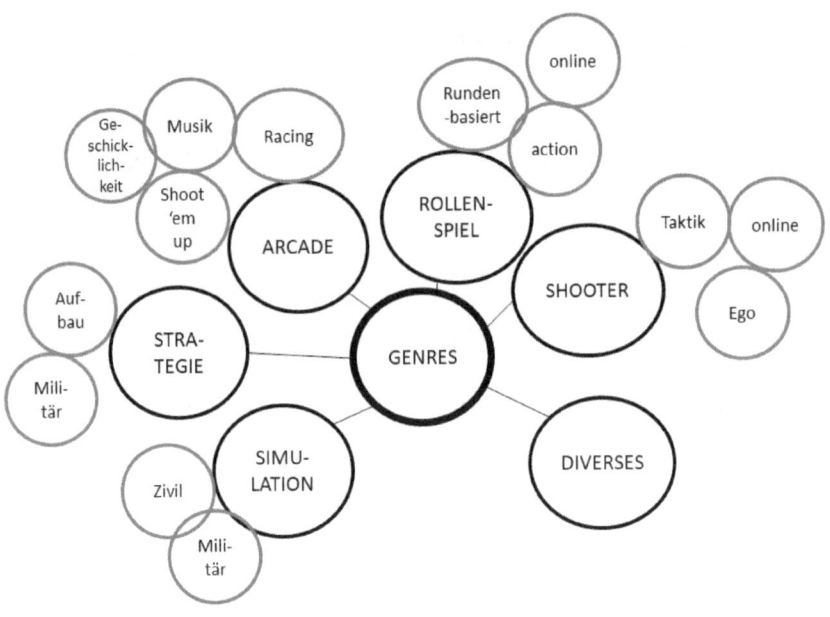

Abb. 3: Genre-Baum
(Wimmer: Massenphänomen Computerspiele, Seite 25)

Weiterhin lassen sich neben den „üblichen" Computerspielen auch solche unterscheiden, die bereits vor dem Hintergrund des Lernzwecks entwickelt wurden. Diese besondere Kategorie wird i.A. als Serious Games bezeichnet und verbinden die lernförderlichen Ansätze allgemeiner Computerspiele mit pädagogisch aufbereiteten Inhalten, mit dem Ziel, einen positiven Lerneffekt zu erzielen. [37]

Im Bereich der Lernentwicklung standen Serious Games lange Zeit als großer Hoffnungsträger. Da Computerspielen an sich bildungsschichtenübergreifend eine deutliche größere Ausgeglichenheit in der Nutzung attestiert wird, sieht man hier ein deutlich größeres Potenzial als beispielsweise in Tageszeitungen oder Nachrichten. Zudem ist auch die Qualität der intrinsischen Motivation deutlich ausgeprägter. [38]

Allgemein beschreibt man Serious Games dabei als Spiel, deren Nutzung über den reinen Spielspaß hinausgeht. Bereits diese Definition ist dahingehend problematisch, insofern Spiele aus verschiedenen Motivationen heraus gespielt werden. So verliert ein Serious Game möglicherweise seinen Status, wenn der Nutzer es ausschließlich aufgrund des Spielspaßes nutzt. Ein „normales" Computerspiel hingegen lässt sich indes durchaus als Serious Game bezeichnen, wenn man explizit Fingerfertigkeit oder Konzentrationsstärke verbessern möchte. [39]

---

[37] Vgl.: HEFNER, Dorothée (2009), Seite 133.
[38] Vgl.: HEFNER, Dorothée (2009), Seite 134.
[39] Vgl.: HEFNER, Dorothée (2009), Seite 134.

Man unterscheidet drei Kategorien in diesem Genre in Bezugnahme auf die Art des Lernens;

- Lehrer
  Lehrspiele stehen für die Erschließung tatsächlicher kognitiver Inhalte. Beispielsweise wird in dem Spiel „Lunch Crunch" von dem Nutzer verlangt, ein möglichst gesundes und ausgewogenes Essen zusammenzustellen. Je gesünder die Mahlzeit, desto mehr Punkte erhält der Spieler. [40]
- Trainer
  Trainerspiele haben den Effekt der Verbesserung der physischen Belastbarkeit. So wird in den Spielen der Konsole „Nintendo Wii" stets Motorik und Geschicklichkeit trainiert. [41]
- Köder
  In einem motivierenden Kontext werden Inhalte so aufbereitet, dass der Nutzer erste Einblicke in einen bestimmten Bereich erlangen kann. Als bekanntes Beispiel gilt hier das Spiel „America's Army", wo der Spieler viele Eindrücke über die Ausbildung der amerikanischen Armee erhält. Hier werden vornehmlich Bereiche der Ausbildung und des Militäreinsatzes durchlaufen. Das Spiel selbst wurde dabei tatsächlich mit dem Zweck der Rekrutierung potenzieller Soldaten entwickelt. [42]

---

[40] Vgl.: HEFNER, Dorothée (2009), Seite 138.
[41] Vgl.: HEFNER, Dorothée (2009), Seite 133.
[42] Vgl.: HEFNER, Dorothée (2009), Seite 133.

2.6 Motivation

Computerspielen geschieht auf der Basis von unterschiedlichen Gründen, aus denen sich jeweils verschiedene Motivationsbilder ableiten lassen. Insgesamt lassen sich fünf Kategorien abgrenzen[43]

- Funktionsspaß, Spielspaß
- Nachahmungseffekt, soziale Motive
- Genuss des gesamten Handlungsangebots
- Erfolgserlebnis, Autonomieerfahrung
- Bedürfnis nach konstant hohem Reizpegel[44]

Wichtig ist hierbei, dass die Spielsituation an sich ohne besonderes Risiko durchlaufen wird und i.d.R. keine Auswirkungen auf das reale Leben des Nutzers hat.[45]

Untersuchungen zeigen dabei auch, dass ein Mangel an Handlungsalternativen den Drang zur Nutzung von Computerspielen verstärkt. So dienen die Spiele im Wesentlichen oftmals als „Selbstmedikation" und beugen beispielsweise Ängsten vor Misserfolgen oder fehlender Lebenszuversicht vor und verstärken den Optimismus sich im realen Alltag behaupten zu können. [46]

Bisweilen werden Computerspiele auch als Möglichkeit zum sozialen Rückzug genutzt. Wie bereits dargestellt, konnte nachgewiesen werden, dass entgegen der landläufigen Meinung, Computerspiele allerdings zumeist eher eine positive soziale Auswirkung mitbringen. Oftmals werden sie eher Alternative zu fehlenden Handlungsoptionen genutzt und sind daher zuweilen eher als eine Art Notlösung zu sehen, wenn persönliche Zusammentreffen nicht zustande kommen. [47]

---

[43] Vgl.: KRAMBROCK, Ursula (1998), Seite 175.
[44] Vgl.: HÜTHER, Jürgen; SCHORB, Bernd (2010), Seite 64.
[45] Vgl.: HÜTHER, Jürgen; SCHORB, Bernd (2010), Seite 66.
[46] Vgl.: HÜTHER, Jürgen; SCHORB, Bernd (2010), Seite 66.
[47] Vgl.: KRAMBROCK, Ursula (1998), Seite 175.

Nicht zuletzt gelten Computerspiele aufgrund des Inhalts und der Handlung als sehr realitätsnah, wodurch mit ihrer Nutzung ein funktionierendes Erwachsenenleben simuliert wird. Gerade heranwachsende Jugendliche sehen in diesem Punkt eine starke Motivation zur Nutzung. [48]

---

[48] Vgl KRAMBROCK, Ursula (1998), Seite 176.

2.7 Wesen

Im Wesentlichen ist das Zentrum jedes Computerspiels auf Macht, Herrschaft und Kontrolle ausgerichtet. Ziel ist es dabei stets einen Gegenspieler zu besiegen, verschiedene Aufgaben zu lösen, Probleme zu kontrollieren und Situationen zu verbessern. [49]

Zur Umschließung dessen, was ein Computerspiel ausmacht ist es allerdings auch sinnvoll zu hinterfragen, wo deren Grenzen liegen. Hier scheint der emotionale Aspekt ein Faktor zu sein, der von Computerspielen insgesamt nur wenig beansprucht wird. Selbstverständlich sind Emotionen u.a. beim Gewinnen und Verlieren innerhalb der Spiele grundlegende Faktoren. Dennoch werden Bereiche der Empathie und emotionalen Intelligenz gegenüber Mitspielern und virtuellen Gegenspielern ausgespart. So gewinnt man lediglich auf der Grundlage der Interaktivität, welche sich auf Taktik und Strategie während des Spielens bezieht und das überleben sicherstellt. [50]

Dabei verstehen die Nutzer das Spiel i.d.R. durchaus als Handlungssequenz, die durch ihr Zutun verändert und gestaltet werden kann. Wer sich durchsetzt gewinnt das Spiel oder bewältigt die vorgegebene Situation. Es ist irrelevant ob das spielentscheidende Moment rationaler oder instrumentaler Basis entspricht; wer genauer schießt, im richtigen Moment springt oder die besten Planungsentscheidungen trifft, gewinnt. [51]

Die dabei entstehenden Emotionen (z.B. beim Niederschießen eines virtuellen Feinds) sind in erster Linie vom Spiel unabhängig. Sie werden allerdings oftmals von den Nutzern „hinzugedacht", wodurch sich eine emotionale Komponente bildet, die auf den Spielverlauf keine direkten Auswirkungen hat. Sie wird erst dann bedeutend wenn sie die geforderten Eigenschaften beeinträchtigt

---

[49] Vgl.: HÜTHER, Jürgen; SCHORB, Bernd (2010), Seite 64 ff.
[50] Vgl.: HÜTHER, Jürgen; SCHORB, Bernd (2010), Seite 64 ff.
[51] Vgl.: HÜTHER, Jürgen; SCHORB, Bernd (2010), Seite 64 ff.

und der Nutzer beispielsweise Hemmungen entwickelt, einen virtuellen Feind zu erschießen. [52]

Diese emotionale Komponente erhöht dabei nachweislich den Spielspaß und dadurch die Bindung des Nutzers zum Spiel selbst. So spielt man lieber eine virtuelle Karriere eines einzelnen Fußballspielers, entwickelt dessen Attribute, Aussehen und Eigenschaften statt stets aufs Neue ein unabhängiges Fußballspiel zu absolvieren, dessen Ergebnisse weder in einer Tabelle oder noch einer anderen Statistik auftauchen. [53]

Gerade aus diesem Grund gewinnen –wie vorab bereits umrissen– vor allem Mehrpersonen-Spiele an Beliebtheit. Auch hier wird die emotionale Komponente deutlich mehr angesprochen, da man nun nicht mehr gegen den Computer spielt, sondern gegen einen realen Mitspieler. Dabei ist es unabhängig ob die Gegenspieler direkt nebeneinander spielen oder sich durch Nutzung des Internets duellieren. [54]

---

[52] Vgl.: HÜTHER, Jürgen; SCHORB, Bernd (2010), Seite 64 ff.

[53] Vgl.: HÜTHER, Jürgen; SCHORB, Bernd (2010), Seite 64 ff.

[54] Vgl.: HÜTHER, Jürgen; SCHORB, Bernd (2010), Seite 64 ff.

2.8 Handlungsanforderungen und Einwirkungsmöglichkeiten

Die Teilnahme an einem Computerspiel definiert sich durch das sog. Bleiberecht, welches der Spieler dadurch erlangt, dass er sich in verschiedenen Situationen behauptet, Fähigkeiten und Fertigkeiten erlangt oder Widerstände überwindet. Scheitert er in einer bestimmten Situation verliert er sein Bleiberecht und muss das Spiel nochmals von Beginn oder einer bereits erreichten Spielsituation erneut starten. [55]

So stellen die unterschiedlichen Spielgenres verschiedene Anforderungen an den Spieler. Während ein Strategiespiel grundlegende Problemlöse- und Strukturierungsaufgaben abverlangt, sind es bei Sportsimulationen oftmals die rasche Erschließung komplexer Situationen und ein darauf angewandtes schnelles Handeln. [56]

Um sein Bleiberecht zu behalten lenkt der Spieler seine Aufmerksamkeit auf das Spielgeschehen und nimmt mittels Eingabegerät (Joysick, Tastatur, Controller,...) Einfluss auf die jeweilige Situation, um diese in der Folge so zu beeinflussen, dass der Spielverlauf fortschreiten kann. [57]

Oftmals agiert dann eine Spielfigur als „virtueller Vertreter" und führt die entsprechenden Befehle aus (z.B. Sportsimulationen wie *FIFA*, Rennspiele wie *Mario Kart*). Fehlt die Spielfigur, nimmt der Spieler auf das gesamte Gewebe im Spiel Einfluss. Hierbei ist er außerhalb der virtuellen Welt und beeinflusst das Geschehen als außenstehender (z.B. *Die Sims*). [58]

Hierbei differenziert man zwei Kategorien der Einflussnahme: Die Art und Weise der ausführenden Handlungen unterteilt sich dabei in direkte und indirekte Muster.

---

[55] Vgl.: HÜTHER, Jürgen; SCHORB, Bernd (2010), Seite 65 ff.
[56] Vgl.: HÜTHER, Jürgen; SCHORB, Bernd (2010), Seite 65 ff.
[57] Vgl.: HÜTHER, Jürgen; SCHORB, Bernd (2010), Seite 65 ff.
[58] Vgl.: HÜTHER, Jürgen; SCHORB, Bernd (2010), Seite 65 ff.

- Direkt:
  Der Spieler gibt seine Befehle an einen Stellvertreter im Spiel weiter, der diese ausführt und das Spiel so beeinflusst.
  Z.B.: Sportsimulationen wie *Fifa*, Kampfsimulationen wie *Tekken*
- Indirekt
  Der Spieler hat keinen direkten Stellvertreter im Spiel und gibt Befehle innerhalb eines bestimmten Handlungsrahmens.
  Z.B.: Strategiespiele wie *Clash of Clans*, Gesellschaftsspielsimulationen wie *Risiko*

Auf der Basis zeitlicher Einwirkungsmöglichkeiten unterscheidet man unmittelbare und mittelbare Ausführungen.

- Unmittelbar
  Die Einflussnahme ist unmittelbar wenn die Befehlseingabe unverzüglich umgesetzt wird.
  Z.B.: Der Nutzer befiehlt der Spielfigur auf seinen Gegner zu schießen, die Umsetzung erfolgt sofort und ohne Verzögerung.
- Mittelbar
  Die Einflussnahme erfolgt mit einer bestimmten Verzögerung.
  Z.B.: Man gibt als Manager einer virtuellen Sportmannschaft an, dass ein Spieler einer Fußballmannschaft ausgewechselt werden soll. Der Wechsel erfolgt mit Verzögerung bei der nächsten Unterbrechung.

Dabei genießen sogenannte Shooter, bei denen der Spieler hautsächlich durch Schusshandlungen Einfluss auf die Spielsituation nimmt, besondere Beliebtheit der Nutzer. Man unterscheidet hier *First Person Shooter (FPS)* und *Third Person Shooter (TPS)*. Während man bei dem zuerst erwähnten aus der Sicht der einzelnen Person handelt, sieht man bei dem Zweiten das gesamte Spielfeld und ist nicht nur auf eine Person fixiert. [59]

---

[59] Vgl.: DOLLE-WEINKAUFF, Bernd; EWERS, Hans-Heino; JAEKEL, Regina (2007), Seite 147.

3. Kompetenzen

3.1 Abgrenzung des Kompetenzbegriffs

3.1.1 Allgemeine Darstellung

Obwohl der Kompetenzbegriff in den vergangenen Jahren zunehmend an Popularität gewonnen hat, herrscht bislang noch keine allgemeingültige Verständigung darüber, wie man ihn einheitlich definieren könnte. Wie im Folgenden näher erläutert, gibt es eine Vielzahl von Versuchen und Ansätzen um eine entsprechend genaue Abgrenzung vorzunehmen. Doch auch wenn sich diese Beschreibungen inhaltlich in der jüngeren Entwicklung stetig annähern, kann man zum gegenwärtigen Zeitpunkt lediglich Gemeinsamkeiten und Unterschiede der einzelnen Ansätze herausstellen. So kann man vereinfacht darstellen, dass Kompetenzen die Fähigkeiten und Fertigkeiten beschreiben, in problembasierten Situationen eine Lösung zu finden. Impliziert wird dabei einhergehend der Wille eine Lösungsfindung aktiv zu beschreiten als diese auch praktisch umzusetzen. Erweitert durch eine zusätzliche pädagogische Perspektive lässt sich insbesondere die Zuständigkeit hinzufügen, für die Lösungsfindung verantwortlich zu sein.
Kompetenzen stehen dabei in einer besonderen Nähe zur handlungsorientierten Anwendung in der Lebens- und Arbeitswelt. Durch die Umsetzung von zunächst theoretischen Ansätzen in den Alltag wird eine Inklusion von Theorie und Praxis vollzogen. Daher findet der Kompetenzgedanke gerade in der Umsetzung der individuellen Fähigkeiten zur Problemlösung seine Grundlage. [60]
Dies wird auch in den Bildungsstandards der Kultusministerkonferenz aufgegriffen, die Kompetenzen beschreiben, die die Schülerinnen und Schüler bis zum Ende der Grundschule oder im Zuge

---

[60] Vgl.: KLIEME, Eckhard (2015).

eines bestimmten Schulabschlusses erreicht haben sollen und somit die Unterrichtsqualität gezielt verbessern soll.[61]

Die Umorientierung des Bildungssystems von einer Inputorientierung (strukturiert nach den zu vermittelnden Inhalten) hin zu einer Outputorientierung (strukturiert nach den zu erlangenden Kompetenzen) wurde im Zuge der Kultusministerkonferenz als Reaktion auf die PISA-Studie beschlossen und mit der verpflichtenden Einführung der Bildungsstandards ab 2005 umgesetzt. Demnach haben auch Berufs- und Tätigkeitswechsel heute aufgrund der Häufigkeit des Vorkommens an Bedeutung gewonnen. Auch daher ist ein Kompetenzmodell auf der Basis der Outputorientierung wichtiger denn je.[62]

Vor allem in der jüngeren Vergangenheit haben sich zunehmend Pädagogen, Psychologen oder Erziehungswissenschaftler mit dem Versuch beschäftigt, den Kompetenzbegriff einheitlich zu beschreiben und dabei sukzessive unterschiedliche Facetten beleuchtet. Zu erwähnen sind hierbei insbesondere Franz Weinert und Wolfgang Klafki, die mit Ihren Ausführungen zu Strukturen, Inhalten und Anwendungen von Kompetenzen einen prägenden Einfluss auf das heutige Bildungssystem hatten. Im weiteren Verlauf sollen daher die von ihnen beschriebenen Kompetenzmodelle in Grundzügen gewürdigt werden.[63]

---

[61] Vgl.: ZEITLER, Sigrid; HELLER; Nina; ASBRAND, Barbara (2012), Seite 7 ff.

[62] Vgl.: BOHLINGER, Sandra (2010), Seite 37.

[63] Vgl.: SANDER, Uwe; VON GROSS, Friederike, HUGGER, Kai-Uwe (2004) Seite 361 ff.

3.1.2 Historische Entwicklung des Kompetenzbegriffs

Die historische Entstehung des Kompetenzbegriffs lässt sich auf insgesamt drei Säulen zurückführen und findet sich in der römischen Rechtslehre, den Kommunikationswissenschaften und der Motivationspsychologie wieder.[64]

In der Rechtslehre des alten Roms brachte man die Bedeutung von Zuständigkeit, Befugnis oder Rechtsmäßigkeit mit dem Begriff der Kompetenz in Verbindung. Auch in der heutigen Verwendung finden sich wie o.a. beispielsweise die Zuständigkeit oder Befugnis noch immer in der inhaltlichen Geltung des Begriffes wieder.[65]

In der Kommunikationswissenschaft verbindet Chomsky eine ähnliche, im Detail jedoch etwas differenzierte Verwendung. Hiernach wurden so die Fähigkeiten beschrieben, mit der durch Sprechen und Hören und auf der Basis abgegrenzter Kommunikationsregeln neue und noch nie zuvor gehörte und verwendete Sätze verstanden werden können. Hier lassen sich viele Gesichtspunkte des Problemlösens wiederfinden, welche so im heutigen Verständnis des Kompetenzbegriffs verwurzelt sind.[66]

In der Motivationspsychologie hingegen verwendet man die Begrifflichkeit der Kompetenz synonym für die Voraussetzung zur selbstmotivierten Interaktion in und mit der jeweils individuellen Umwelt. Hier lassen sich nur im weitesten Sinne Rückschlüsse auf das moderne Verständnis des Kompetenzbegriffes für den Bereich der Bildungswissenschaften ziehen. So könnte man lediglich die Selbstmotivation und die entsprechende Voraussetzung (im allgemeinen Sinne) als Schnittmenge mit der heutigen Verwendung abgegrenzt werden.[67]

---

[64] Vgl.: FINK, Corinna (2010), Stand 12.10.2015.
[65] Vgl.: FINK, Corinna (2010), Stand 12.10.2015.
66 Vgl.: FINK, Corinna (2010), Stand 12.10.2015.
[67] Vgl.: FINK, Corinna (2010), Stand 12.10.2015.

Heute stehen Kompetenzen als Indikator von Leistungsfähigkeit und somit als wichtiges Instrument einer sich stets wandelnden Gesellschaft mit hohen Ansprüchen an flexible Fähigkeiten und Fertigkeiten in der Arbeitswelt. Diese fordern stetig flexible, steigende und verschiedene Anforderungen an Veränderungsbereitschaft und –fähigkeit in Bezugnahme auf unterschiedlichste Herausforderungen im Alltag und der Arbeitswelt.[68]

Hier setzt auch die Thematik des *lebenslangen Lernens* ein, die eine langfristige Lernfähigkeit beschreibt. *Lebenslanges Lernen* ist eine politische Lernstrategie, die zu Wirtschaftswachstum, Beschäftigungsfähigkeit und Persönlichkeitsentwicklung beitragen soll.[69]

So wird der Begriff der Kompetenz auch heute noch durch bedeutungsgleiche oder zumindest bedeutungsähnliche Synonyme wie etwa Eignung, Fertigkeit, Fähigkeit aber auch Qualifikation ersetzt. Dabei grenzt sich die Qualifikation als Auszeichnung oder formale Voraussetzung etwas von den anderen Verwendungen ab.[70]

Allerdings wird die eingangs angesprochene Problematik einer einheitlichen Definitionsfindung in diesem Zusammenhang nochmals verdeutlicht. Das Ziel, einen Kompetenzbegriff zu generieren der vor allem auch die Fortschritte in der Erlangung von Kenntnissen, Fähigkeiten und Fertigkeiten umfasst, steht im Konflikt mit einem Verständnis von Kompetenz als Qualifikation und Berufs- oder Schulabschluss.[71] Allerdings zeigt auch hier die neuerliche Entwicklung eine klare Tendenz, nach der sich die einzelnen Ansätze eine Definition des Kompetenzbegriffs zu formulieren stetig annähern. Dabei werden Qualifikationen, Abschlüsse oder Zertifikate kaum noch in diesem Zusammenhang verwendet und zunehmend ausgespart. Weiterhin werden die Definitionen

---

[68] Vgl.: FINK, Corinna (2010), Stand 12.10.2015.
[69] Vgl.: BOHLINGER, Sandra (2010), Seite 37.
[70] Vgl.: FINK, Corinna (2010), Stand 12.10.2015.
[71] Vgl.: FINK, Corinna (2010), Stand 12.10.2015.

auf der Basis traditioneller psychologischer Attributionsbegriffe formuliert, wodurch ein weiteres gemeinsames Merkmal zu erkennen ist. Zentral steht dabei jeweils der Ansatz, wann und warum das Individuum selbstorganisiert tätig wird. Dies geschieht in aller Regel vor dem Hintergrund einer Problemsituation oder eines Optimierungsprozesses. Ebenfalls gemeinsam in den Definitionsversuchen steht das Handeln in einer komplexen und nicht standardisierten Situation[72]

In der Bundesrepublik Deutschland erhielt der Kompetenzbegriff durch die im Zuge der PISA-Studie formulierten Bildungsstandards der Kultusministerkonferenz eine zentrale Funktion. Hier wurde eine Umstrukturierung der Lehrpläne vorgenommen, die man bis dahin auf der Grundlage fachwissenschaftlicher Inhalte, die in den Unterrichten vermittelt werden sollten, inputorientiert formulierte. Durch einen Perspektivenwechsel werden die Lehrpläne seither outputorientiert strukturiert und beschreiben die Kompetenzen, die von den Schülerinnen und Schülern erlangt werden sollen um ein bestimmtes Klassenziel oder einen Schulabschluss zu erreichen. [73]

Im Gegensatz zu der problematischen Definitionsfindung konnte man sich allerdings bereits auf eine Abgrenzung der Begrifflichkeiten von Fachkompetenzen und Schlüsselkompetenzen einigen. Hiernach stehen Fachkompetenzen für schulisches Lernen und spiegeln demnach im weitesten Sinne wissenschaftliches Fachwissen und dessen Anwendung wieder. Schlüsselkompetenzen greifen hingegen stets da, wo es um Strukturen, Methoden oder Problemlösefähigkeiten geht und sind demnach fächerübergreifend bedeutend. [74]

---

[72] Vgl.: FINK, Corinna (2010), Stand 12.10.2015.

73 Vgl.: SANDER, Uwe; VON GROSS, Friederike, HUGGER, Kai-Uwe (2004), Seite 361 ff.

[74] Vgl.: SANDER, Uwe; VON GROSS, Friederike, HUGGER, Kai-Uwe (2004), Seite 361 ff

3.1.3 Kompetenzmodelle

3.1.3.1 Abgrenzung

Kompetenzmodelle beschreiben umfassende Darstellungen von Kompetenzen in einem bestimmt abgegrenzten Umfeld wie beispielsweise einer beruflichen Tätigkeit oder eines Schulfaches. Um dabei Lernerfolge, Fähigkeitsprofile oder persönliche Entwicklungen möglichst genau abgrenzen zu können, werden die entsprechenden Fähigkeiten, Fertigkeiten und Kenntnisse explizit dargestellt. [75]

„Kompetenzmodelle bilden die Komponenten und Stufen der Kompetenzentwicklung (…) ab und bieten somit eine Orientierung für (…) Lehren und Lernen." [76]

Dadurch soll eine möglichst praxisnahe und alltagstaugliche Basis geschaffen werden, nach der beispielsweise schulischer Unterricht oder betriebliche Ausbildungsinhalte strukturiert und umgesetzt werden können. So erhalten vor allem Einschätzungen zum nötigen Grundwissen, Entwicklungsstufen und Niveaustufen bezüglich der jeweiligen Kompetenzen eine zentrale Bedeutung. [77]

Die Lernziele werden dabei als Form von Kompetenzen zunächst genau analysiert. So können Themen- und Aufgabenfelder bezüglich der quantitativen Ausstattung mit Kompetenzen in einem ersten Schritt entsprechend genau abgesteckt werden. [78]

Dabei werden in der Regel auch bestimmte Niveaustufen formuliert, die beschreiben wie tiefgehend die einzelne Kompetenz bereits erlangt wurde oder erlangt werden soll. [79]

---

[75] Vgl.: DAUB, Stephan (2012), Seite 48.
[76] HERZOG, Walter (2010), Seite 42.
[77] Vgl.: HERZOG, Walter (2010), Seite 42.
[78] Vgl.: SCHROTT, Franz; GHANBARI, Sharam Aziz (2008), Seite 20 ff.
[79] Vgl.: SANDER, Uwe; VON GROSS, Friederike, HUGGER, Kai-Uwe (2004), Seite 361 ff

Das im deutschen Schul- und Bildungssystem vorherrschende Kompetenzmodell sind die bereits angesprochenen Bildungsstandards der Kultusministerkonferenz, welche im Zuge der PISA-Studie verfasst wurden. Exemplarisch werden hier die Kompetenzdimensionen der einzelnen Schulfächer exakt abgegrenzt und als Orientierung der Unterrichtsgestaltung und Leistungsmessung verwendet.[80]

Besonders erfolgreiche und praxisnahe Kompetenzmodelle werden umfassend verwendet und gelten als Vorreiter in vielen Bereichen der wissenschaftlichen Erschließung der Kompetenztheorie. Im weiteren Verlauf sollen besonders bedeutende Kompetenzmodelle eine kurze Würdigung erhalten.

---

[80] Vgl.: SANDER, Uwe; VON GROSS, Friederike, HUGGER, Kai-Uwe (2004), Seite 361 ff

3.1.3.2 Kompetenzmodell nach Klafki

Ein wichtiges und oftmals angewandtes Modell zur Kompetenz-beschreibung beruht auf der Forschung des Pädagogen Wolfgang Klafki, eines Erziehungswissenschaftlers des 20. Jahrhunderts, der einen entscheidenden und begründenden Beitrag zur kritisch-konstruktiven Erziehungswissenschaft lieferte und dem darüber hinaus große Einflüsse auf Schulreformen und die vorherrschende didaktische Systembildung zugeschrieben werden.[81]

Das von ihm formulierte „Klafki Bildungstheoretische Modell" basiert zum einen auf der Theorie der materialen Bildungskon-zepte. Diese umfassen grundlegende und wichtige Inhalte die heute zumeist als Fachwissen bezeichnet werden. Hierunter zäh-len insbesondere Fachbegriffe, Definitionen, Zeichen und Sym-bole. Des Weiteren spielen formale Bildungskonzepte, bei denen sich der Lernende Verhaltens- und Handlungsformen erarbeitet, als wichtige Grundlade in das Modell mit ein.[82]

Im Zusammenspiel dieser beiden Konzepte beschreibt Klafki eine eigene Theorie der Kategorialen Bildung, in der die beschriebenen Punkte miteinander verschmelzen.

Vor dem Hintergrund des produktiven Moments in der der Ler-nende einen tatsächlichen Wissenszuwachs verzeichnet, unter-sucht der Ansatz nach Klafki verschiedene Gesichtspunkte, Ideen und Vorgehensweisen. Dabei stellt er heraus, dass nur ein Bil-dungsinhalt mit einem entsprechenden Bildungsgehalt für den Lernenden die Auswahl und Motivation zum Lernen begründen kann. Er fokussiert dabei die Frage nach Inhalten, die Kinder in der Schule lernen sollen, wann diese sinnvoll und wann auf die Zukunft vorbereitend sind. Im Zentrum stehen dabei die fünf

---

[81] Vgl.: THESING, Theodor (2014), Seite 240 ff
[82] Vgl.: THESING, Theodor (2014), Seite 240 ff

Fragen nach Exemplarischer Bedeutung, Gegenwartsbedeutung, Zukunftsbedeutung, Struktur des Inhalts sowie der Zugänglichkeit.[83]

Besondere Bedeutung erlangt dieses Modell vornehmlich daher, da hier erstmals die Thematik der Problemlösung im Fokus der Betrachtung steht, auf deren Idee der Kompetenzbegriff in grundlegenden Bereichen beruht. Im Gegensatz dazu kritisiert er einen Bildungsprozess wie der damals vorherrschende, der ausschließlich auf ein möglichst hohes Maß an Bildungsinhalten ausgelegt ist und eine Anwendung in alltäglichen Lebensbereichen nur bedingt integriert.[84]

Aufgrund der auf seine Theorie entfachten Kritiken erweitert Klafki seinen Ansatz später und detailliert ihn dahingehend aus, dass die (Allgemein-)Bildung als Zentrum des Lernens sowohl auf der Chancengleichheit, der Lösung typischer Schlüsselprobleme und vor allem auf der Entwicklung von Interessen und Kompetenzen beruht. Weiterhin geht er auch auf Fragen der Selbstbestimmungs-, Mitbestimmungs- und Solidaritätsfähigkeit ein und beschreitet damit auch den Weg des ganzheitlichen Lernbegriffs, der an späterer Stelle nochmals detailliert aufgegriffen werden soll.

Seine Gedanken zur Unterrichts- und Lehrvorbereitung sollen aufgrund des fehlenden Bezugs an dieser Stelle nicht weiter gewürdigt werden.

---

[83] Vgl.: THESING, Theodor (2014), Seite 240 ff
[84] Vgl.: THESING, Theodor (2014), Seite 240

3.1.3.3 Kompetenzmodell nach Weinert

Der Psychologe Franz Emanuel Weinert prägte mit seinem Gutachten zur Beschreibung und Auswahl von Kompetenzen in Bezugnahme auf einen Leistungsvergleich von Schulen die Reform des deutschen Bildungssystems nachhaltig. Durch die explizite Beschreibung des Kompetenzbegriffs kommt ihm dadurch ebenfalls eine wichtige Rolle im Zuge der heutigen Outputorientierung in den nationalen Bildungsstandards zu.[85]
Weinert, der im Zuge seines Wirkens verschiedene Definitionsversuche formulierte, beschreibt Kompetenzen als

> *„(...) die bei Individuen verfügbaren oder durch sie erlernbaren kognitiven Fähigkeiten und Fertigkeiten, um bestimmte Probleme zu lösen, sowie die damit verbundenen motivationalen, volitionalen und sozialen Bereitschaften und Fähigkeiten, um die Problemlösungen in variablen Situationen erfolgreich und verantwortungsvoll nutzen zu können."*[86]

Im Detail näher erläutert unterteilt er Kompetenzen zudem in fünf weitere Aspekte auf; Neben dem kognitiven Leistungsbezug und dem motivationalen Moment stehen hier auch Handlungsfähigkeit oder Handlungskompetenz als zentrales Merkmal. Weiterhin zählt die Metakompetenz, welche beispielsweise Strategien und Methoden zum Kompetenzaufbau umfassen, ebenso wie die bereits o.a. Schlüsselkompetenzen zu Weinerts Verständnis eines umfassenden Kompetenzbegriffes.[87]
Im Detail erwähnt er dabei „Kompetenzen als allgemeine intellektuelle Fähigkeiten im Sinne von Dispositionen, die eine Person

---

[85] Vgl.: KLIEME, Eckhard (2015).
[86] KLIEME, Eckhard (2015).
[87] Vgl.: KLIEME, Eckhard (2015).

befähigen, in sehr unterschiedlichen Situationen anspruchsvolle Aufgaben zu meistern." [88]
Zudem seien Kompetenzen auch überall dort angesiedelt, wo es darum geht funktional bestimmte Situationen, Strategien und Motivationen (...) zur Lösung beispielsweise beruflicher Situationen und Aufgabenstellungen einzusetzen.[89]
So beschreibt er, dass dafür ein Zusammenspiel von drei Kompetenzbereichen, nämlich fachlichen Kompetenzen (z.b. fremdsprachlich, physikalisch), fachübergreifender Kompetenzen (z.B. Teamfähigkeit, Problemlösen) und handlungsbezogener Kompetenzen (z.b. sozial, motivational) nötig ist. Vornehmlich dieser Ansatz findet sich auch heute noch sinngemäß in den meisten Definitionsversuchen wieder, wodurch Weinert auch in diesem Bereich eine besondere Rolle zukommt. [90]

---

[88] Vgl.: KLIEME, Eckhard (2015).
[89] Vgl.: KLIEME, Eckhard (2015).
[90] Vgl.: SANDER, Uwe; VON GROSS, Friederike, HUGGER, Kai-Uwe (2004), Seite 361 ff

3.1.4 Abgrenzung berufliche Kompetenz

Wie bereits ausgeführt gibt es viele Bereiche, in denen Kompetenzen eine besondere Abgrenzung genießen und beispielsweise als Schlüsselkompetenz allgemeine und übergreifende Fähigkeiten beschreiben oder als Fachkompetenz Handlungsbereiche in einer bestimmten Disziplin wie der Mathematik umfassen.

Eine ähnliche Abgrenzung kann man auch im Bereich der beruflichen Bildung treffen. Dabei kann man zunächst recht plakativ und einfach darstellen, dass man genau dort von beruflichen Kompetenzen spricht, wo Fähigkeiten, Fertigkeiten, Qualifikationen etc. vor dem Hintergrund beruflicher Anwendung fungieren. Dieser ersten sehr leicht nachzuvollziehenden Eingrenzung schließt sich allerdings die Frage an, wann genau eine berufliche Anwendung stattfindet und wann diese nicht vorliegt. [91]

Um sich dieser Frage anzunähern soll zunächst eine Aufteilung dahingehend erfolgen, eine Unterscheidung aus betrieblicher Perspektive und Sicht des Arbeitnehmers zu vollziehen.

So lassen sich berufliche Kompetenzen immer dort finden, wo der Fokus zumindest Teilbereiche der Produktivität beinhaltet. Dabei lässt sich Produktivität sehr weit auslegen und ist nicht ausschließlich auf eine Sachherstellung von Gütern zu begrenzen. Vielmehr zählen hier gerade auch solche Kompetenzen hinzu, die beispielsweise in der Kundenkommunikation oder Sachbearbeitung zuhause sind. [92]

Aus Sicht des Arbeitnehmers sind berufliche Kompetenzen überall dort zu finden, wo im Zuge des Berufs gehandelt werden muss. Dies beinhaltet dass allerdings auch Situationen wie Kommunikationsgrundlagen zwischen den Mitarbeitern, der Integration in

---

[91] Vgl.: RAUNER, Felix; HAASLER, Bernd; HEINEMANN, Lars; GROLLMANN, Phillipp (2009) Seite 23
[92] Vgl.: RAUNER, Felix; HAASLER, Bernd; HEINEMANN, Lars; GROLLMANN, Phillipp (2009) Seite 23

eine bestehende Abteilung oder der Selbstreflexion auf dem Weg einer bestimmten Zielerreichung. [93]

---

[93] Vgl.: RAUNER, Felix; HAASLER, Bernd; HEINEMANN, Lars; GROLLMANN, Phillipp (2009) Seite 23

3.2 Anwendung des Kompetenzkonzeptes

3.2.1 Kompetenzdimensionen – Aspekte beruflicher Handlungskompetenzen

In der Praxis hat sich gezeigt, dass es sinnvoll ist, Kompetenzen entsprechend ihres Wirkungsfeldes zu untergliedern. Neben beruflichen oder politischen Kompetenzen, Schlüsselkompetenzen und Fachkompetenzen kann man allerdings auch eine Einteilung dahingehend unternehmen, welche Art von Fähigkeiten und Fertigkeiten gerade im Fokus stehen. Hier lassen sich vier Kategorien beschreiben, deren Definitionen als solche zwar klaren Abgrenzungen unterliegen, sich deren explizite Kompetenzen zuweilen dennoch gleich mehreren Kategorien zuschreiben lassen. [94]

Unter dem Begriff der Ganzheitlichkeit (in der Praxis auch oftmals *ganzheitliche Berufsbildung*) werden somit die im Folgenden dargestellten vier Bereiche betrachtet;

- Kognition (Fachkompetenz)
  Kognitive Kompetenzen beschreiben reine Fachkenntnisse und Fachwissen. Sie stellen dar, inwieweit entsprechende Kenntnisse aufgebaut werden konnten und wie tiefgreifend diese verankert sind. In der Vergangenheit der Bildung beherrschte dieser Bereich fast ausnahmslos den Schul- und Lernalltag ohne die im Folgenden beschriebenen Kategorien zu berücksichtigen. [95]
  Bsp.: Ein Bankkaufmann weiß, dass die gesetzlichen Grundlagen des KWG eine weitere Kreditvergabe an den Großkunden ausschließen.

[94] Vgl.: WOJDA, Franz; HERFORT, Inge; BARTH, Alfred (2006), Seite 13ff.
[95] Vgl.: EDELMANN; TIPPELT (2004), Seite 8ff.

- Methodik (Methodische und instrumentelle Kompetenz)
  Methodische Kompetenzen beschreiben die Art und Weise sich eines Problems anzunähern und auf welchen Wegen man einen Lösungsansatz erarbeitet. Dabei geht es in erster Linie gar nicht mehr um die Frage nach der Qualität der erarbeiteten Lösung. Je mehr methodische Vorgehenswei-sen man kennt und umso mehr Methodiken davon auch umsetzbar sind, desto höher ist die Einstufung in diesem Bereich. Zu beachten bleibt, dass neben einem weitreichen-den Methodenkatalog auch die Frage nach der Auswahl des passenden Instruments entscheidend ist. So ist auch der umfassendste Katalog in seinem Nutzen einge-schränkt, wenn man die Abgrenzung, welche Methode für welche Problemlösung angemessen ist, nicht zielgerichtet vollziehen kann. [96]
  Bsp.: Die Auszubildenden eines Finanzinstituts sollen die Grundzüge des Devisenmarktes erarbeiten. Der Ausbil-dungsleiter grenzt ab, ob hierbei eine Einzelarbeit, Grup-penarbeit oder ein Planspiel am sinnvollsten wären.
- (Soziale) Kommunikation (Soziale und kommunikative Kompetenz)
  Sozial-kommunikative Kompetenzen beschreiben die Aus-prägung der nutzbaren Kommunikationswege innerhalb eines Prozesses zur Lösungsfindung. Dabei sind Faktoren wie Lösungs- und Problemorientierung genauso wichtig wie beispielsweise Kritikfähigkeit, Höflichkeit und Ver-ständlichkeit in der Ausdrucksform. [97]
  z.B.: Während einer Gruppenarbeit kann Teilnehmer A die Aussagen der anderen Teilnehmer verstehen und von ihm ausgemachte Kritikpunkte genau beschreiben.

---

[96] Vgl.: EDELMANN; TIPPELT (2004), Seite 8ff.
[97] Vgl.: EDELMANN; TIPPELT (2004), Seite 8ff.

- Empathie (Personale Kompetenz)
  Empathische Kompetenzen grenzen ab, wie mitfühlend
  und verständnisvoll man zu einer Person, Gruppe oder Situation steht. Im Gegensatz zur Rationalität, die Entscheidungen ausschließlich auf der Grundlage von bewertbaren
  Größen trifft, offenbart die empathische Grundlage das
  Problem, dass eine Bezifferung der Wertevorstellung hier
  nicht mehr möglich ist. Emotionen, Mitgefühl und Verständnis sind hierbei grundlegende Faktoren, die zur Ver-
  tiefung dieser Kompetenz ausgebaut werden. [98]
  Bsp.: Der Personalchef entlässt den Mitarbeiter nicht, obwohl es wirtschaftlicher gewesen wäre.

---

[98] Vgl.: EDELMANN; TIPPELT (2004), Seite 8ff.

3.2.2 Kompetenzstufen

Die bereits dargestellten Kompetenzdimensionen und -bereiche zeigen auf, welche Fähigkeiten und Fertigkeiten zu erlangen sind und wie man diese voneinander abgrenzt. Dabei ist jedoch zu beachten, dass die einzelnen Kompetenzen selbst in einer unterschiedlich starken Ausprägung erreicht und umgesetzt werden können. Man geht heute in der Regel von fünf unterschiedlichen Stufen aus, welche den Kompetenzerwerb entsprechend ihrer Durchdringung abgrenzen und eine entsprechende Einteilung vornehmen.

Das sogenannte „Dreyfus model of skill acquisition" ist heute eine sehr anerkannte Variante zur Einteilung der im Folgenden dargestellten fünf Stufen Novice (Neuling), Advanced beginner (fortgeschrittener Anfänger), Competent (Kompetenter), Proficient (Gewandter) und Expert (Experte). Zu beachten ist dabei, dass diese Einteilung zunächst auf der Basis von pflegerischen Berufen vorgenommen wurde, sich heute allerdings auch in den meisten weiteren kompetenzorientierten Bereichen wie Schulen und anderer Berufe durchgesetzt hat.[99]

Kompetenzstufe I - Novice (Neuling)
Der Neuling ist in der Lage einfache Reproduktionen vorzunehmen und Vorgehensweisen oder Informationen zu übernehmen. Hierunter fallen Aufgaben wie das oberflächliche inhaltliche Verständnis einfacher Texte oder in der Mathematik das Rechnen leichter Aufgaben auf Grundschulniveau.[100]

Kompetenzstufe II - Advanced beginner (fortgeschrittener Anfänger)
Der fortgeschrittene Anfänger zeichnet sich durch die Wahrnehmung leichter Transfer- und Verständnisaufgaben aus. Dazu

---

[99] Vgl.: ERAUT, Michae (2003), Seite 123.
[100] Vgl.: SIEGEL (2015)

gehört beispielsweise das Erfassen von einfachen Informationen aus Texten wie mathematischen Textaufgaben.[101]

Kompetenzstufe III - Competent (Kompetenter)

In der dritten Kompetenzstufe werden zunehmend Fähigkeiten gefragt, die der Vernetzung von Inhalten bedürfen. Dabei geht es um das Vergleichen von zwei unterschiedlichen Texten oder der Anwendung einer bestimmten Methodik auf ein neues Aufgabengebiet. [102]

Kompetenzstufe IV - Proficient (Gewandter)

Der Gewandte ist in der Lage tiefgreifender als die vorab gegebenen Informationen zu handeln und zu wirken. Dabei geht es oftmals um die Interpretation und Bewertung von Informationen und Aussagen. [103]

Kompetenzstufe V - Expert (Experte)

Der Experte ist als oberste Kompetenzstufe in der Lage auf der Grundlage seiner weitreichenden Fähigkeiten allgemeingültige Gesetzmäßigkeiten und Verallgemeinerungen zu formulieren. Dabei kann er auch fundiert und verständlich beschreiben, warum er Präferenzen legt und welche Kriterien dabei für ihn wichtig sind. In der Mathematik fällt hierunter beispielsweise die Formulierung eines allgemeinen Satzes inklusive des dazugehörigen Beweises. [104]

Zu beachten ist allerdings, dass es zudem eine Vielzahl weiterer Modelle von Kompetenzeinstufungen gibt. So beschränkt sich die KMK auf lediglich drei Stufen, welche die vorab formulierte

---

[101] Vgl.: SIEGEL (2015)
[102] Vgl.: SIEGEL (2015)
[103] Vgl.: SIEGEL (2015)
[104] Vgl.: o.V. (2006)

Darstellung in einigen Teilen zusammenfasst und sich lediglich auf die Unterteilung nach Wiedergabe (bzw. Reproduktion), Zusammenhänge herstellen und Reflektieren (bzw. Beurteilen) verständigt. [105]

Andere Einschätzungen wie beispielsweise die PISA-Kompetenzeinstufung beschreibt eine Unterteilung in sechs Stufen, welche allerdings ebenfalls auf einer sehr ähnlichen Abgrenzung beruht und dabei lediglich eine Rangordnung an erreichten Punkten (Scores) impliziert.[106]

---

[105] Vgl.: o.V. (2012)

[106] Vgl.: NEUREITER, Herbert; SCHMICH, Juliane (2015).

3.2.3 Messung

Mit der steigenden Popularität des Kompetenzbegriffes in den verschiedenen Disziplinen der Bildungswissenschaft, ergibt sich auch die Notwendigkeit einer möglichst exakten und expliziten Messung von Kompetenzen. Dies ist grundlegend um Aussagen über Entwicklungen von individuellen Fähigkeiten zu treffen, ein explizites Bewerbungsverfahren durchzuführen bei dem die Eigenschaften der Bewerber mit den Ansprüchen der zu besetzenden Stelle verglichen werden oder Leistungen von Schülerinnen und Schüler bewerten zu können.

Der Prozess, in dem Kompetenzen, Fähigkeiten und Fertigkeiten analysiert, identifiziert und bewertet werden, wird als Validierung bezeichnet. Auf dem Weg das individuell Gelernte wertzuschätzen, Analysen einer Befähigung der Ausübung einer bestimmten Tätigkeit oder der Darstellung von Entwicklungspotenzialen liegt hier damit ein besonders wichtiger Punkt.[107]

Diesbezüglich sei vorab erwähnt, dass McClelland als erster Forscher die Frage nach Methodik und Instrumentarium einer möglichst genauen Kompetenzmessung stellte. Hier entstand auch die heute noch immer grundlegende Aussage, nach der man Kompetenzen nur vor dem Hintergrund beobachten kann, dass sie eine Art Attribution sind, also eine vom Beobachtenden zu interpretierende Verhaltensweise. Die darauf basierende Streitfrage, inwieweit Kompetenzen überhaupt objektiv zu erfassen sind, steht auch heute noch im Fokus vieler Untersuchungen.[108]

---

[107] Vgl.: BOHLINGER, Sandra (2010), Seite 37.
[108] Vgl.: FINK, Corinna (2010), Stand 12.10.2015.

3.2.4 Gütekriterien

Die Messung von (insbesondere beruflichen) Kompetenzen unterliegt den allgemein definierten Gütekriterien der Testtheorie und umfasst Objektivität, Reliabilität und Validität.
Zunächst sei erwähnt, dass das Ziel einer Messung prinzipiell in einer möglichst hohen Genauigkeit liegt. Dabei geht man jedoch davon aus, dass jede Messung einer gewissen Ungenauigkeit unterliegt, dem sogenannten Messfehler. So ergibt sich eine bestimmte Grundgleichung, die den wahren Wert (T) einer bestimmten Aussage nur in Verbindung mit eben diesem Messfehler (e) als zu beobachtende Aussage oder beobachtbaren Wert (X) darstellt. Insofern ergibt sich folgender Zusammenhang:

$$X = T + e$$
(Beobachtbarer Wert (X) = Wahrer Wert (T) + Messfehler (e))[109]

Dennoch wird die bereits oben dargestellte Erfüllung der im Folgenden beschriebenen Güterkriterien angestrebt, um die Messung (in diesem Fall von Kompetenzen) möglichst genau und fehlerfrei umzusetzen.

- Objektivität
  Eine Messung entspricht dem Gütekriterium der Objektivität, wenn zwei Anwender mit dem gleichen Messinstrument übereinstimmende Resultate erzielen (können).[110]
  Dabei unterscheidet man drei Arten von Objektivität. Die Durchführungsobjektivität ist dann gewährleistet, wenn verschiedene Anwender bei der Nutzung des gleichen Messinstruments keine unterschiedlichen Antworten erhalten. Die Auswertungsobjektivität beschreibt eine von

---

[109] Vgl.: HÄDER, Michael (2010), Seite 108 ff.
[110] Vgl.: HÄDER, Michael (2010), Seite 108 ff.

dem Anwender unabhängige Auswertung der zuvor erhaltenen Antworten. Die Interpretationsobjektivität ist hingegen genau dann beeinträchtigt, sobald verschiedene Anwender aus den gleichen Antworten mit entsprechenden Messergebnissen unterschiedliche Ergebnisse interpretieren.[111]

- Reliabilität
  Die Reliabilität beschreibt die Zuverlässigkeit einer bestimmten Messung. Hierbei wird beschrieben, inwieweit eine wiederholte Messung mit dem gleichen Instrument ein unterschiedliches Ergebnis hervorbringt. Ist das Ergebnis gleich oder sehr ähnlich, so ist die Reliabilität gewährleistet. [112]

- Validität
  Die Validität beschreibt die sogenannte Gültigkeit eines Messverfahrens und stellt dar, inwieweit das zu messende tatsächlich gemessen wird. [113]
  Letztlich soll dargestellt sein, dass die beschriebenen Gütekriterien in einem abhängigen und hierarchisch geordneten Verhältnis zueinander stehen. Dabei gilt, dass…
    - …die Objektivität notwendig, aber nicht hinreichende Bedingung der Reliabilität ist.
    - …die Reliabilität notwendig, aber nicht hinreichende Bedingung der Validität ist.
    - …das Ziel die Gestaltung eines validen Messverfahrens ist.[114]

---

[111] Vgl.: HÄDER, Michael (2010), Seite 108 ff.
[112] Vgl.: HÄDER, Michael (2010), Seite 108 ff.
[113] Vgl.: HÄDER, Michael (2010), Seite 108 ff.
[114] Vgl.: HÄDER, Michael (2010), Seite 108 ff.

3.2.5 Notwendigkeit und Umsetzung

Die Notwendigkeit einer Messung von Kompetenzen ergibt sich aus dem Zusammenspiel von drei Elementen. So lässt sich zum einen der Bildungsauftrag von Bildungseinrichtungen im weitesten Sinne anführen. Zudem steht das Moment der beruflichen Kompetenzentwicklung sowie der Befähigung Aufgaben im Berufs- und Alltagsleben wahrnehmen zu können.[115]
Dabei ist die praktische Umsetzung eines umfassenden und passenden Testverfahrens allerdings nur sehr schwer durchsetzbar und steht einer Bandbreite unterschiedlichster Herausforderungen gegenüber. So wurden bis heute zahlreiche internationale Vergleichsstudien durchgeführt, die alleine dem Ziel zugeschrieben sind, verschiedene Ansätze von Testverfahren weiterzuentwickeln, zu überprüfen oder zu optimieren.[116]
Auf nationaler Ebene entschied man sich die Messung beruflicher Kompetenzen erst nach Vorschaltung eines eigens kreierten Forschungsprojektes genauer zu beschreiben. Dem sog. ASCOT-Programm wurden zudem unterstützend weit ausgelegte Instrumente zugeschaltet, die eine optimale Kompetenzmessung unterstützen sollen. So wurden hierbei Wege untersucht, beispielsweise simulierte Arbeitsproben für eine valide Messung zu nutzen.[117]
Eine weitere Herausforderung stellt die umfassende Abdeckung aller zentralen Kompetenzen dar, die beispielsweise im Feld eines Berufes oder innerhalb eines Schulfaches greifen können. Zum gegenwärtigen Zeitpunkt gehen die Bemühungen dahin, Kompetenzraster abzugrenzen, die genau diese Problematik lösen sollen. Dieser Ansatz wird im Übrigen oftmals auch unternehmensintern

---

[115] Vgl.: RAUNER, Felix; GROLLMANN, Philipp; MARTENS, Thomas (2007), Seite 4 ff.
[116] Vgl.: NICKOLAUS, Reinhold (2006), Seite 163 ff.
[117] Vgl.: NICKOLAUS, Reinhold (2006), Seite 163 ff.

verwendet um Leistungsentwicklungen von Mitarbeitern abschätzen zu können. [118]

Zudem lassen sich weitere Herausforderungen an eine adäquate Messung formulieren, welche sich beispielsweise auf die Darstellung motivationaler Aspekte belaufen oder die differenzierten Ansprüche berufsfachlicher und sozialer Kompetenzen innerhalb eines Messverfahrens fokussieren. [119]

Die bereits mehrfach angesprochene Uneinheitlichkeit in der Definition findet sich auch in der Umsetzung verschiedener Ansätze zur Messung von Kompetenzen wieder. Die im Zuge der KMK [120] beschriebenen Bildungsstandards definieren verschiedene Kompetenzen und geben einen interessanten Ansatz, wie man diese in der Praxis messen kann. Dabei wird beschrieben, dass der erste und notwendige Schritt dabei eine klare Abgrenzung und Beschreibung der zu messenden Kompetenzen, Fähigkeiten und Fertigkeiten darstellt. Auf dieser Basis können dann Aufgaben, Aufgabensammlungen, Fragen, Probleme und Herausforderungen erstellt werden, die genau auf die Messung der vorab abgegrenzten Kompetenzen abgestimmt sind. So wird eine –ggf. auch in Niveaustufen unterteilte- Erfassung der vorherrschenden Kompetenzen angenähert. [121]

Wichtig ist dabei allerdings, dass hierbei eine individualdiagnostische Umsetzung kaum realisierbar ist sondern nur in Verbindung und nach Erprobung mit verschiedenen Probanden erreicht werden kann. [122]

Bei der Konstruktion der jeweiligen Testmethodik verweist Riedel darauf, dass diese auf der Grundlage geschehen muss, dass

---

[118] Vgl.: NICKOLAUS, Reinhold (2006), Seite 163 ff.
[119] Vgl.: NICKOLAUS, Reinhold (2006), Seite 163 ff.
[120] Kultusministerkonferenz
[121] Vgl.: EDELMANN; TIPPELT (2004), Seite 8ff.
[122] Vgl.: EDELMANN; TIPPELT (2004), Seite 8ff.

Kompetenzen als Verbindung zwischen Wissen und Können, bzw. Anwendung angesehen werden müssen.[123]

Dabei beschreibt er kritisch, dass man die positiven Ansätze einer reinen Abfrage von Faktenwissen noch weiter eingrenzen muss und die breite Palette der Instrumente pädagogischer Diagnostik verstärkt einsetzen sollte. Exemplarisch verweist er dabei auch auf Gruppenspiele und die Anwendung von Computersimulationen und Computerspielen, wie es beispielsweise beim PISA-Konsortium umgesetzt wird. [124]

Dass man dabei nicht den Fehler begehen darf, gleich mehrere Kompetenzen innerhalb eines Tests zu überprüfen, stellt Birkelbach heraus. Hierbei geht er explizit auf die verschiedenen Dimensionen ein, die bereits in einzelnen Kompetenzen enthalten sind und nicht durch ein einziges Maß darstellbar sind.[125]

Abschließend sei dargestellt, dass eine umfassende und adäquate Methode zur Einschätzung individueller Kompetenzen zum gegenwärtigen Zeitpunkt noch sehr schwer umsetzbar scheint. Reinhold Nickolaus (2015) fasst diese Situation folgendermaßen zusammen:

> *„(…) eine befriedigende Abschätzung beruflicher Kompetenzen mit einer ganzen Reihe von Herausforderungen einhergehen, die lediglich sukzessive bewältigt werden können." [126]*

---

[123] Vgl.: KLIEME, Eckhard (2015).
[124] Vgl.: KLIEME, Eckhard (2015).
[125] Vgl.: BIRKELBACH, Klaus (2005).
[126] NICKOLAUS, Reinhold (2006), Seite 163 ff.

4. Auswirkungen der Computerspielnutzung

Computerspiele stellen heute durch ihre weit verbreitete Nutzung einen bedeutenden Sozialisationsaspekt für ihre Nutzer dar. Hier werden Werte, Regeln und Normen vermittelt, die für viele der Spieler aufgrund des hohen Identifikationspotenzials einen besonderen Stellenwert einnehmen. Zeitgleich sind viele Spieler aufgrund der Nutzung von Smartphones oder des Internets ständig im Spiel involviert und haben an den Veränderungen, Handlungen und Geschehnissen innerhalb der Spielsituationen teil. Durch diese beiden Aspekte wird deutlich, dass die Bedeutung von Computerspielen in der Vergangenheit stark zugenommen hat und ein fester und wichtiger Bestandteil unserer Kultur geworden ist.[127] Dabei beeinflussen die entsprechenden Spiele ihre Nutzer in vielerlei Hinsicht und wirken sich auf Kommunikationswege und -gründe, soziale und kulturelle Entwicklungen sowie die Ausbildung von Kompetenzen aus.[128] Diese Einflussnahme steht dabei in einer bestimmten Abhängigkeit zu der Qualität und Quantität der Nutzung der Spiele und unterliegt zudem unter anderem dem Vorwissen, den Fähigkeiten und den Fertigkeiten des Spielers.[129] Weiterhin stehen vor allem zwei Vorwürfe im Zentrum der Kritik an Computerspielen und ihren Auswirkungen. So wird zum einen beanstandet, dass entsprechende Medien die moralische Haltung ihrer Nutzer nachhaltig negativ beeinflusst und zum anderen intellektuelle Fähigkeiten unter der Nutzung leiden. Auf der anderen Seite sprechen Befürworter hingegen davon, dass der Mensch in der Historie noch immer alle Kompetenzen hervorgebracht hat um langfristig mit neuen Entwicklungen und Technologien umgehen zu können um diese zu seinem Vorteil zu nutzen. Die hier

---

[127] Vgl.: RING, Wolf-Dieter (2010), Seite 37.
[128] Vgl.: GANGUIN, Sonja (2010), Seite 168.
[129] Vgl.: WIMMER, Jeffrey (2013), Seite 60.

entbrannte gesellschaftliche Diskussion ist dabei als Teil der Medienkritik prinzipiell positiv gegenüberzustehen, da es notwendig ist den Nutzen von Modernisierungen und Entwicklungen kritisch zu hinterfragen um potenzielle Vorteile langfristig nutzen zu können.[130]

In dem nun folgenden Abschnitt soll untersucht werden inwieweit sich die Auswirkungen von Computerspielen darstellen lassen. Ein Schwerpunkt liegt dabei auf der Betrachtung der Entwicklung beruflicher Kompetenzen und wie die entsprechenden Rückwirkungen auf Sozialisation, Kommunikation und Kompetenzerwerb festzuhalten sind.

---

[130] Vgl.: GEBEL, Christa (2006), Seite 158.

4.1 Nutzerzahlen und Einsatz

Um die Entwicklungen der Nutzerzahlen und Einsatzbereiche von Computerspielen festhalten zu können und Informationen über Nutzergewohnheiten zu erlangen, werden bereits seit vielen Jahren entsprechende Studien durchgeführt. Im Schwerpunkt werden hier Eigenschaften wie Geschlecht, Spielgewohnheiten und Nutzergründe untersucht. Seit einigen Jahren steht zudem der Einfluss entsprechender Spiele auf den schulischen Unterricht im Fokus. Im Folgenden sollen aktuelle Studien und Entwicklungen umrissen werden.

4.1.1 KIM-Studie und JIM-Studie

Seit 1998 werden regelmäßige Analysen durchgeführt welche die Mediennutzung von Kindern und Jugendlichen untersuchen, Entwicklungen zusammenstellen und repräsentative Daten genderspezifisch und in entsprechenden Alterskategorien darstellen. Die JIM-Studie (Jugend, Information, Medien) legt dabei den Schwerpunkt auf das Nutzerverhalten von 12-19jährigen Jugendlichen und überprüfen in langfristig ausgelegten Untersuchungen unter anderem wie oft Computerspiele genutzt werden, zu welchen Tageszeiten und wie lange gespielt wird. Weitere Inhalte befassen sich mit der Hardwareausstattung, vereinbarten Regelungen mit den Eltern oder dem Stellenwert der Spiele (und der anderen Medien) aus individueller Sicht. Die KIM-Studie untersucht ähnliche Schwerpunkte, bezieht sich dabei allerdings auf Nutzer zwischen 6 und 13 Jahren. Die in diesem Zuge ebenfalls durchgeführte FIM-Studie untersucht Familien mit Kindern zwischen 3 und 19 Jahren und wie moderne Medien hierbei genutzt werden. Die von der Medienpädagogische Forschungsverbund Südwest durchgeführten Studien sind im Bereich der Mediennutzung und insbesondere der Computerspielnutzung bundesweit von hoher Bedeutung.

Nach der Auswertung der JIM-Studie 2014, die erstmals auch Computerspiele auf Tablets berücksichtigt, wird deutlich, dass Jugendliche mit zunehmendem Alter die Nutzung von entsprechenden Spielen einschränken. Während mit 12 und 13 noch drei von vier Jugendlichen regelmäßig und mehrfach im Monat auf entsprechende Spiele zurückgreifen, sinkt diese Zahl bis ins Alter von 18 – 19 Jahren auf 60%. Dabei verlieren vornehmlich Mädchen das Interesse, während der Anteil männlicher Spieler jahrgangsübergreifend zum einen höher ist als der an weiblichen Spielern. Zum anderen verlieren sie später das Interesse, was größtenteils auch auf die langsamere Entwicklung und spätere Pubertät von männlichen Heranwachsenden zurückzuführen ist. Einzig im Segment der Smartphonespiele ist der genderbedingte Unterschied der Nutzung weniger signifikant. Hier nutzen Jungen und Mädchen entsprechende Apps ähnlich oft.[131]

Konsolenübergreifend ist die Sportsimulation *Fifa* das am häufigsten genutzte Spiel in Deutschland und wir von rund 15% aller Spieler verwendet. Ähnlich oft wird der *Shooter Call of Duty* gespielt, während die Bausimulation *Minecraft* mit einer Nutzungsweite von rund 11% vor allem geschlechterübergreifend hohe Nutzerzahlen aufweist. *Candy Crush* wird von 10% der Nutzer gespielt, ist allerdings im Vergleich zum ähnlich häufig verwendeten *Grand Theft Auto* das einzige ausschließlich als App verfügbare Spiel.[132]

Spiele mit problematischem Inhalt, also solchen die gewaltverherrlichende und brutale Inhalte aufweisen, werden von über der Hälfte jugendlicher Nutzer strikt gemieden. Vor allem Mädchen zeigen ein geringes Interesse an entsprechenden Materialien geben nur in 19% der befragten Fälle an, bereits einmal ein

---

[131] Vgl.: Medienpädagogischer Forschungsverbund Südwest/ JIM-Studie 2014, Seite 41
[132] Vgl.: Medienpädagogischer Forschungsverbund Südwest/ JIM-Studie 2014, Seite 42

entsprechendes Spiel gespielt zu haben. Deutlich häufiger, nämlich zu 57%, nutzen Jungen Spiele mit gewaltverherrlichenden Inhalten, wobei eine signifikante Steigung mit zunehmendem Alter zu erkennen ist.[133]

Die Nutzer stufen dabei vor allem Titel wie *Call of Duty, Grand Theft Auto, Counter Strike* oder *Battlefield* dahingehend ein, dass diese Spiele ein besonders hohes Maß an Gewalt und Brutalität aufweisen. Einzig *Counter Strike* besitzt dabei eine Jugendfreigabe ab 16 Jahren während die restlichen Spiele erst ab einem Alter von 18 Jahren frei verkäuflich sind.[134]

4.1.2 Integration in schulische Bildung

In allen westlichen Industrienationen lässt sich nach Gundelach ein Trend erkennen, nach dem Computerspiele zunehmend auch im Unterricht integriert werden um Lerneffekte zu generieren. Dabei geht es jedoch nicht ausschließlich um entsprechende Lernsoftware, Lernspiele oder Serious Games. Wirtschaftssimulationen (z.B. Sportmanagerspiele) werden in Unterrichtsfächern und –themen mit ökonomischen Schwerpunkt verstärkt eingesetzt, um Kompetenzen des nachhaltigen und erfolgreichen Wirtschaftens zu erläutern. Spiele wie *Die Sims* werden in der Mathematik eingesetzt, um räumliches Denkvermögen zu stärken und können im Kunstunterricht die kreative Gestaltung von Häusern und Gebäuden jeglicher Art fördern. Durch die Vielfalt an Titeln und Themen können durch Computerspiele also umfassend sowohl Interessengebiete der Schüler als auch inhaltlichen Schwerpunkten der Lehrpläne Rechnung getragen werden. Die spielende Heranführung

---

[133] Vgl.: Medienpädagogischer Forschungsverbund Südwest/ JIM-Studie 2014, Seite 43

[134] Vgl.: Medienpädagogischer Forschungsverbund Südwest/ JIM-Studie 2014, Seite 44

an generelle Nutzungskompetenzen von Computern ist dabei nur ein nebensächlicher positiver Effekt. [135]

Die JIM-Studie zeigt allerdings, dass die Verfügbarkeit entsprechender Hardware wie Computern, Konsolen oder moderner Spieletitel in deutschen Klassenzimmern nicht die Regel ist. Demnach nutzen nur rund 30% der Schülerinnen und Schüler einen Computer oder einen Laptop für schulische Zwecke und kaum eine Schule verfügt über eine Videospielkonsole. [136]

Dabei stellt sich prinzipiell die Frage, wie Computerspiele in den schulischen Unterricht zu integrieren sind und unter welchen Merkmalen deren Einsatz förderlich ist. Rosenstingl stellt diesbezüglich heraus, dass Videospiele dann als lernförderlich eingestuft werden können, wenn sie in einem pädagogisch sinnvoll aufbereiteten Rahmen genutzt werden. Dazu muss die Nutzung außerhalb des sogenannten „magischen Kreises" erfolgen, also einem Transfer der Geschehnisse zwischen virtueller und realer Welt unterliegen. [137]

Zudem unterliegt der Einsatz der weiteren Problematik, dass Computerspiele in der Gesellschaft und im Schulalltag einer eher negativen Meinung unterliegen und unangemessen kritisch hinterfragt werden. Computerspielforscher Petko stellt diesbezüglich heraus:

„Lehrpersonen wird es gegenwärtig (...) leichter gemacht, sich pauschal den Gegnerinnen und Gegnern des Lernens mit digitalen Games anzuschließen, da diese mit Vermeidung und Verbot die einfacheren Rezepte zur Umsetzung ihrer Ansichten in der Hand haben. Begeisterte und vorsichtige Befürworterinnen und Befürworter befinden sich demgegenüber in einer schwierigen Bringschuld. Sie müssen zeigen, dass digitale Spiele

Vgl.: GEBEL, Christa (2006), Seite 172

[136]Vgl.: PM2/15 (2015)

[137] Vgl.: ROSENSTINGL, Herbert; MITGUTSCH, Konstantin (2009), Seite 149.

nicht nur theoretisch ein Potenzial besitzen, sondern mit vertretbarem Aufwand und begründbarem Mehrwert einsetzbar sind." [138]
Um eine entsprechende Nutzung dennoch zu realisieren ist in erster Linie ein tiefgreifendes und durchdachtes Unterrichtskonzept notwendig. Um dies zu bewerkstelligen und einen erfolgreichen Einsatz entsprechender Spiele in der Schule zu unterstützen sind drei Ebenen des Unterrichtens zu unterscheiden;

(1) Lernen innerhalb des Spiels
Notwendige Regeln, Maßgaben, Ziele und Steuerungen müssen transparent sein um den Spielern (hier Schülern) das Bewegen innerhalb der virtuellen Welt zu ermöglichen. Vor dem Kontext der Spielsituation werden die Problemstellungen bearbeitet und lösungsorientiert bewältigt. Ausgehend von entsprechenden Problemfeldern werden Lösungsstrategien entwickelt, umgesetzt und evaluiert, ob damit das Problem gelöst wurde.
Eine Übertragung der entsprechenden Ansätze auf den Alltag ist ohne weitere Schritte allerdings noch nicht zwingend gewährleistet, da es auf dieser Ebene lediglich zum reinen Spielerlebnis kommt.

(2) Lernen aus dem Spiel
Es ist notwendig, dass Inhalte, Geschehnisse, Herausforderungen und Probleme die innerhalb des Spiels von Bedeutung sind, pädagogisch begleitet in die reale Welt übertragen und dort thematisiert werden. Hier müssen die entsprechenden Themenschwerpunkte vor dem Augenmerk alltäglicher Aufgaben diskutiert werden.
Vor dem Hintergrund eines bestimmten Unterrichtsfaches oder besser noch eines fächerübergreifenden Themas und Problems werden die Inhalte des Spiels isoliert betrachtet,

---

[138] ROSENSTINGL, Herbert; MITGUTSCH, Konstantin (2009), Seite 150.

entsprechend ihrer Informationen selektiert, organisiert und reflektiert. Das explizite Spielwissen wir verallgemeinert wird herausgestellt und auf spezielle Probleme des Alltags bezogen. Das Wissen erhält somit eine neue Wertigkeit.

(3) Lernen durch das Spiel
Die entsprechenden Erfahrungen werden in einem übergreifenden und verallgemeinernden Kontext thematisiert und dargestellt, ob und wann hieraus ein Nutzen gezogen werden kann und wie dieser umzusetzen ist.
Mit dem Perspektivwechsel auf das eigene Leben mit alltäglichen Problemen und Herausforderungen wird die letzte Ebene abgeschlossen. Hier wird beispielsweise Empathie für andere Personen und deren Handlungsentscheidungen nachempfunden, allgemeine und umfassende Regeln werden formuliert und Werte und Normen der sozialen Gesellschaft nachvollzogen.[139]

---

[139] Vgl.: ROSENSTINGL, Herbert; MITGUTSCH, Konstantin (2009), Seite 150

4.2 Wirkungsweise von Computerspielen

Auswirkungen von Computerspielen auf das Verhalten und die Kognition ihrer Nutzer, stehen bereits seit langem im Fokus von wissenschaftlichen Untersuchungen. Dabei liegt der Schwerpunkt der Medienforschung auf der Analyse personaler Effekte und etwas abgestuft auf gesamtgesellschaftlichen Auswirkungen. Kepplinger erklärt diesen Fokus durch die Basis der Medienwirkungsforschung, welche in der Lerntheorie steht und das Ziel verfolgt, Zusammenhänge zwischen Ursache und Wirkung humaner Verhaltensweisen zu offenbaren. Demnach sind globale Zusammenhänge, die ganze Kulturen und Sozialisationen beschreiben, aus dem Blickwinkel der Medienpädagogik oftmals zu umfassend, als aus ihnen konkrete Wirkungsansätze auf einzelne Nutzer zu beschreiben wären.[140]

Um sich der Wirkung von Computerspielen bewusst zu werden, ist zunächst ein allgemeiner Blick auf die Einflussnahme der gängigen Medien sinnvoll. Durch Errungenschaften wie Radio, TV, Handys und Computer hat der mediale Einfluss sowohl privat als auch beruflich in weiten Teilen quantitativ und auch qualitativ zugenommen. Durch die ständige Konfrontation mit entsprechenden Medien steigt somit kausal die Einflussnahme auf die Gesellschaft allgemein und explizit der ihr angehörigen Menschen. Computerspiele als populärer Teil der medialen Welt weisen demnach ebenfalls einen entsprechend hohen Wirkungsgrad auf ihre Nutzer auf.[141]

Der Untersuchung der Wirkung von Medien und insbesondere Computerspielen stand lange Zeit die Problematik eines uneinheitlichen Wirkungsbegriffs, des damit verbundenen Wirkungsbereichs sowie sehr unterschiedlichen Gesellschaften und deren Kulturen vor. Dabei ist nach Schulz davon auszugehen, dass

---

[140] Vgl.: KEPPLINGER, Hans Mathais (2008), Seite 326 ff.
[141] Vgl.: WIMMER, Jeffrey (2013), Seite 80.

Reize, die von Computerspielen ausgehen, auf verschiedene Gesellschaften unterschiedlich wirken und eine einheitliche und umfassende Analyse über deren Effekte dadurch sehr problematisch ist.[142]

Erst durch Castells konnte vor diesem Hintergrund nachgewiesen werden, dass die gesellschaftliche Mediendurchdringung allerdings sehr weit fortgeschritten ist. Unter dem Begriff der Informationsgesellschaft abgegrenzt kann man so darstellen, dass die stark erweiterte Nutzung von Medien jeglicher Art kulturübergreifend heute so umfassend ist, dass man von einer *transmedialen Konvergenzkultur* spricht, die durch ihre ähnlichen Eigenschaften, Werte und Normen durchaus eine Basis für eine gemeinschaftliche Forschung bietet. Es ist demnach unwichtig wo der Nutzer beispielsweise einen Shooter spielt, da es immer um die gleichen Inhalte geht und man beispielsweise durch Waffennutzung um das Überleben des virtuellen Stellvertreters kämpft.[143]

So lässt sich zudem das Spektrum expliziter Forschungsfragen sogar noch erweitern. Man versucht demnach ganzheitliche Fragen zu beantworten, die sich damit befassen wie Computerspiele genutzt werden, warum Spieler zu Computerspielen greifen und welche individuellen und gesellschaftlichen Folgen deren Nutzung haben kann.[144] Bei der Betrachtung dieser Fragen wird dann schnell deutlich, dass es zu einer zunehmenden Verschmelzung der Grenzen zwischen Spielen und Nichtspielen kommt. Durch neue Spieltechnologien wie dem Smartphone oder Tablets werden Spiele in der U-Bahn, in der Mittagspause oder Unterwegs genauso leicht zugänglich wie Zuhause. Durch Handy-Apps besteht die Möglichkeit ständig im Spiel integriert zu sein, wobei

---

[142] Vgl.: WIMMER, Jeffrey (2013), Seite 80.
[143] Vgl.: WIMMER, Jeffrey (2013), Seite 81.
[144] Vgl.: WIMMER, Jeffrey (2013), Seite 81.

entsprechende Titel bei neuen Geschehnissen und Handlungsnotwendigkeiten des Nutzers diesen durch Signale informiert.[145]
Nicht zuletzt deshalb ist zu beobachten, dass viele Situationen, Eigenschaften und Vorlieben aus der Realität und vor allem auch Stimmungen und Emotionen mit ins Spiel übernommen werden. So kann man darstellen, dass neben einer spielerischen und spielübergreifenden Kommunikation auch beispielsweise Zuneigungen zu bestimmten Fußballvereinen oder Automarken auch auf die Nutzung von Computerspielen übertragen werden. Andererseits konnte man abgrenzen, dass ebenfalls eine Rückkopplung der Spielinhalte auf das reale Leben vollzogen wird. So kommt es häufig dazu, dass beispielsweise die Nutzer von Fußballmanagerspielen Fragen der Strategie, Managemententscheidungen oder Transferverhandlungen mit in den Alltag übernehmen, diese Problemstellungen dort stets präsent sind und sogar im sozialen Umfeld thematisiert werden. [146]

---

[145] Vgl.: WIMMER, Jeffrey (2013), Seite 83.
[146] Vgl.: WIMMER, Jeffrey (2013), Seite 86.

4.2.1 Neuropsychologische Lernwege

Um die Auswirkungen von Computerspielen oder Medien im Allgemeinen beschreiben zu können, ist es in einem ersten Schritt wichtig, generelle Lernwege aufzuzeigen um darauf aufbauend zu analysieren, wie entsprechende Spiele aufgenommen und verarbeitet werden und wie sich deren Nutzung auf die Kompetenzen der Spieler auswirkt.

Der kognitive Wissenserwerb ist ein sogenannter innerer Erkenntnisprozess. Er beruht auf Aspekten wie Wahrnehmen, Denken, Verstehen, Erinnern und ist daher nicht unmittelbar beobachtbar. Vielmehr kann er nur anhand von Handlungen nachvollzogen werden, die auf einer Veränderung des individuellen Wissens oder gleichstehender Fähigkeiten beruhen. [147]

Während man in der Vergangenheit davon ausging, dass bei der Verarbeitung von neuem Wissen drei Speicher durchlaufen werden müssen (Ultrakurzzeit, Kurzzeit und Langzeit), konnte man diese auch heute noch landläufig vertretene Ansicht mittlerweile widerlegen. So ist nachgewiesen, dass das menschliche Gedächtnis vielmehr ein zusammenhängendes und komplexes Netz umfasst, indem Informationsverarbeitung und Speicherung gleichzeitig stattfindet. [148]

Dabei werden zentrale Knotenpunkte durch äußerliche Reize aktiviert. Es bahnen sich neue Informationen einen Weg durch diese Knotenpunkte bis sie letztlich vollständig verarbeitet sind. Werden die ausgehenden Reize dabei entsprechend oft oder intensiv ausgesendet und wird der jeweilige Weg entsprechend fundiert und regelmäßig durchlaufen, baut man kurzeitiges bzw. langzeitiges Gedächtnis auf, welches dann langfristig abrufbar ist. Als

---

[147] Vgl.: BOVLET, Dr. Gislinde; HUWENDIEK, Prof. Volker (2014), Seite 221.
[148] Vgl.: BOVLET, Dr. Gislinde; HUWENDIEK, Prof. Volker (2014), Seite 221.

Reiz wird heute dabei der erste Denkanstoß ausgewiesen, der früher als Ultrakurzzeitgedächtnis bezeichnete wurde. [149]
Der Frage nachgehend, auf welche Bereiche und Kompetenzen sich die Nutzung von entsprechenden Spielen auswirken kann, untersuchte das Münchener Institut für Medienpädagogik in einer breit ausgelegten Studie Probanden, die eine Vielzahl moderner und populärer Titel über einen längeren Zeitraum hinweg spielten. Dabei stellten sie heraus, dass sensomotorische Kompetenzen wie Konzentration, Abstraktion oder logisches Schlussfolgern oftmals gezielt gefördert werden können. Aufgrund der Notwendigkeit innerhalb vieler Spiele, schnelle Tastenkombinationen präzise einzugeben, dabei auf Änderungen umgehend reagieren zu können und weiterhin Aufmerksamkeit und Wahrnehmung aufrechtzuerhalten, kommt es zu einer komplexen Beanspruchung der notwendigen Fähigkeiten. Dies führt langfristig nicht nur dazu, dass vergleichbare Situationen besser und routinierter bewältigt werden können. Vielmehr bleibt der Nutzer durch seine hohe Aufmerksamkeit auch stets für neue Informationen offen und kann neues Wissen welches dem Spiel zugrunde liegt (beispielsweise über geschichtliche Hintergründe) schneller und nachhaltiger erlangen. [150]
Zusätzlich erlernen und erweitern Computerspieler ihre Medienkompetenz, indem sie nicht nur die Hardware anschließen und nutzen, sondern indem vielmehr Menüführungen genutzt werden, Befehlseingaben vollzogen werden und Steuerungsmöglichkeiten oder Handlungsoptionen umgesetzt werden.[151]
Um innerhalb des Spiels Erfolge zu generieren, ist es oftmals notwendig seine Strategien, Vorgehens- und Handlungsweisen kritisch zu hinterfragen und anzupassen. Weiterhin kommt es oftmals zu einer Entwicklung des eigenen Avatars, der sein

---

[149] Vgl.: BOVLET, Dr. Gislinde; HUWENDIEK, Prof. Volker (2014), Seite 221.
[150] Vgl.: ROSENSTINGL, Herbert; MITGUTSCH, Konstantin (2009), Seite 143
[151] Vgl.: ROSENSTINGL, Herbert; MITGUTSCH, Konstantin (2009), Seite 143

Aussehen, seine Eigenschaften und seine Bedeutung innerhalb der virtuellen Welt anpassen kann. Man setzt sich also in vielerlei Hinsicht mit der eigenen Identität aus um individuelle Lösungswege zu beschreiten und seinen virtuellen Stellvertreter nach persönlichen Vorlieben auszustatten. Diese persönlichkeitsbezogene Kompetenzen werden zudem verstärkt geschult, wenn man sich als Nutzer auch in ärgerlichen Situationen zurückhalten muss, um die Konzentration aufrecht zu halten und nicht den gesamten Spielerfolg zu gefährden.[152]

---

[152] Vgl.: ROSENSTINGL, Herbert; MITGUTSCH, Konstantin (2009), Seite 145.

4.2.2 Transfernotwendigkeit und Kompetenzerwerb

Das Transfermodell von Jürgen Fritz widmet sich der Untersuchung, wie Erfahrungen aus vor allem Computerspielen in die reale Welt oder jede andere virtuelle Spielwelt übertragen werden können. Im Fokus stehen dabei sowohl Gefühle als auch Handlungsschemata die innerhalb der Spiele aufgebaut werden. Dabei stellt Fritz heraus, dass zunächst eine Transformation der entsprechenden Kompetenzen erfolgen muss, bevor man sich auf andere Anwendungsgebiete übertragen kann.[153]
Als passenden Vergleich kann man hierbei Autosimulationen betrachten. Während die Grundlage des Spiels, ein Auto zu beschleunigen, zu lenken und zwischen den Gängen hin und her zu schalten, der Realität simultan nachempfunden wurde, müssen in der Realität statt Knöpfe und eines Joysticks etwa Lenkrad und Schalthebel bedient werden. Es kommt also lediglich in der Ausführung der Handlungen zu einer Anpassung oder Transformation. Auf dieser Grundlage kann im Folgenden dann ein Transfer vollzogen werden, wenn beispielsweise ein Fahrschüler aufgrund seiner Erfahrungen mit Autorennspielen weiß, dass er bei entsprechender Drehzahl zu schalten hat. Ähnliches gilt dabei für die Konsequenzen. Bei einem Computerspiel verliert der Spieler möglicherweise vorübergehend sein Bleiberecht wenn er seinen virtuellen Wagen in einen Unfall verwickelt, während er in der Realität sein Leben gefährdet und schwere Verletzungen erleidet.
Transfers werden sowohl psychologisch als auch pädagogisch als wichtige Möglichkeit des Lernens gesehen. Hierbei geht es zunächst um eine Wiedererkennung einer Situation oder eines Grundschemas eines bestimmten Problems. Bereits erlangte Erfahrungen,   Kenntnisse,   Vorgehensweisen   und

---

[153] Jürgen Fritz 2003, seite 2

Handlungsoptionen werden daraufhin abgerufen und eingesetzt um sich der Situation zu stellen und diese zu bewältigen.[154] Nach Thorndikes *Theorie der identischen Elemente* kommt es dabei eher zu einem Transfer, wenn sich die Aufgaben, Herausforderungen oder Problemsituationen ähnlich zu den bereits gemeisterten Situationen verhalten. Der Transfer von entsprechenden Kompetenzen zur Problemlösung in die Alltagswelt oder andere virtuelle Welten kann dabei zusätzlich verstärkt und verbessert werden, wenn sich der Nutzer bereits vorab darüber im Klaren ist, dass er verschiedene und ihm bekannte Fähigkeiten einsetzen muss oder er von einer dritten Person darauf hingewiesen wird, dass er eine ähnliche Situation bereits erfolgreich absolvieren konnte. [155]

Bei sehr ähnlichen Anwendungsgebieten innerhalb einer (Spiel-)Welt spricht man von einem intramondialem Transfer, der in der Regel relativ schnell verläuft und bei dem eine vorausgehende Transformation zumeist schnell und ohne besonderes Zutun erreicht wird. Wechselt man bei der Anwendung der Kompetenzen zwischen beispielsweise Spielwelt und Alltagswelt, ist die Transformation wahrscheinlich deutlich aufwendiger und umfassender. Hier spricht man von einem intermondialem Transfer.[156]

Fritz unterscheidet zudem fünf Transferebenen, die in ihrem Abstraktionsniveau ansteigend den Prozess der Übertragung von Schemata und kognitiven Leistungen darstellen:

- Die Fact-Ebene beinhaltet Transformationen eines sehr geringen Abstraktions- und Transformationsgrades. Sehr ähnliche Situationen, Handlungen und Vorgehensweisen laufen dabei fast identisch ab.
  (z.B. In einer Basketballsimulation wirft man Freiwürfe mit dem gleichen Spieler)

---

[154] Vgl.: WITTING, Tanja (2007), Seite 47.
[155] Vgl.: WITTING, Tanja (2007), Seite 47.
[156] Vgl.: WITTING, Tanja (2007), Seite 50.

- Die Skript-Ebene beschreibt häufig wiederkehrende Handlungen und Ereignisfolgen, die allerdings in Details abweichend und nur im Grundgerüst identisch sind.

  Skripts beinhalten Informationen über (…) Handlungsmuster (…) und Reaktionen in bestimmten Situationen. Dieses Schemata ermöglicht den Menschen, in wohldefinierten Situationen auf ein bestimmtes Handlungsrepertoire zurückzugreifen.[157]

  (z.b. Der Spieler wirft Freiwürfe mit unterschiedlichen Spielern und unterschiedlichen Wurfeigenschaften)
- Die Print-Ebene ist den Skripten sehr ähnlich, grenzt allerdings einen inhaltlichen oder sozialen Bezug aus und verallgemeinert entsprechende Transferleistungen. Handlungstiefe und Verankerung im eigentlichen Kontext sind dabei noch nicht sehr tiefgreifend.
- Auf der metaphorischen Ebene werden ähnliche Situationen in unterschiedlichen Welten in Verbindung gesetzt indem strukturelle Gemeinsamkeiten herausgestellt werden. (z.b. Der Spieler wirft Freiwürfe in verschiedenen Basketballsimulationen)
- Die dynamische Ebene verbindet auf höchstem Abstraktionsniveau entsprechende Situationen. Dabei geht es nicht mehr um Handlungsmuster an sich. Viel mehr stehen Grundmuster wie Macht, Herrschaft oder Kontrolle im Zentrum des Handelns.[158]

  (z.b. Nachdem er es schafft 50 Freiwürfe hintereinander zu treffen möchte der Nutzer –der in einer Fabrik für Autoteile arbeitet- 50 Teile herstellen, ohne einen Fehler zu begehen)

---

[157] Vgl.: WITTING, Tanja (2007),Seite 50.
[158] Vgl.: WITTING, Tanja (2007),Seite 51 ff.

Neben den unterschiedlichen Ebenen differenziert Fritz weiterhin zwischen verschiedenen Transferformen, die im Zusammenhang mit der Nutzung von Computerspielen zu erkennen sind:

- Problemlösender Transfer
  Der Nutzer übernimmt die Probleme, Herausforderungen und Schwierigkeiten aus der virtuellen Spielwelt mit in den realen Alltag. Dies äußert sich dadurch, dass er gedanklich verschiedene Spielszenarien nochmals durchdenkt, Abläufe und Entscheidungen hinterfragt und Handlungsalternativen entwickelt. Hierzu gehören auch die Nutzbarmachung von Sekundärquellen wie Internetforen oder Lösungsbücher.

- Emotionaler Transfer
  Spiele und insbesondere Computerspiele wirken sich auch auf die Emotionen ihrer Nutzer aus, die demnach während des Spielens Freude, Verärgerung, Anspannung oder Stolz empfinden. Nach Fritz lassen sich diese Gefühle und Befindlichkeiten dabei nicht von der realen Welt ausschließen, wodurch sie auch nach Beendigung des Spiels in andere und vor allem auch in die reale Welt transferiert werden.

- Instrumentell-handlungsorientierter Transfer
  Handlungen und Abläufe prägen, vor allem wenn sie hinreichend oft ausgeführt werden, Handlungsmuster, die bei ähnlichen Situationen wiederum Anwendung finden um entsprechende Situationen erfolgreich zu bewältigen. Dabei zeigt sich, dass vornehmlich bei Sportspielen und Fahrsimulationen einzelne Handlungsmuster nicht nur in anderen Spielen Anwendung finden, sondern auch in den Alltag übertragen werden können. Dies tritt dabei verstärkt auf, umso mehr Kompetenzen der Nutzer beispielsweise beim Autofahren bereits besitzt, oder umso sportlicher er ist.

- Ethisch-moralischer Transfer
Oftmals bestritten ist der Transfer von in virtuellen Welten gängigen Normen und Regeln auf reale Werte. Die gesellschaftlich stark befürchtete Übertragung von übermäßiger Gewalt und Aggression zur Problemlösung, entspricht allerdings nur selten der tatsächlichen Werteorientierung der Computerspielnutzer. Allerdings kann ein entsprechender Transfer heute noch nicht vollständig ausgeschlossen werden. Nach dem derzeitigen Forschungsstand gilt er allerdings als unwahrscheinlich und ist nur in wenigen Einzelfällen zu beobachten.
- Assoziativer Transfer
Wahrnehmungs- und Bewertungsschemata werden in Computerspielen oftmals denen der realen Welt nachempfunden. So ist zu beobachten, dass Situationen, die ein Spieler so oder so ähnlich bereits spielerisch durchlebt und bewältigt hat, als ähnlich zu realen Situationen empfunden werden, sobald entsprechende Schemata ausreichend ähnlich sind. Hier lassen sich dann auch verstärkt Handlungsmuster aus den Spielen aufgreifen um den Alltag zu bewältigen.
Erwähnt sei, dass das Empfinden über die Ähnlichkeit der Situation rein individuell ist und nach keinen objektiven Maßstäben erfolgen muss.
- Realitätsstrukturierender Transfer
Diese Form des Transfers äußert sich dadurch, dass reale Herausforderungen und Problemstellungen aufgrund der virtuellen Spielerfahrungen analysiert und strukturiert werden. Dabei hilft das Wissen und die Erfahrung der verschiedenen Spielsituationen um abzuschätzen, inwieweit auch einzelnen Handlungsalternativen erfolgreich sein können oder nicht.

- Informationeller Transfer
  Dem realitätsstrukturierenden Transfer sehr ähnlich erklärt der informationelle Transfer eher, warum sich verschiedene Situationen entsprechend darstellen und weshalb einzelnen Personen verschiedene Entscheidungen getroffen haben. Dies geschieht dabei auch auf der Grundlage von Informationen, die innerhalb des Spielens erlangt werden konnten.
- Auf das Gedächtnis bezogener Transfer
  Wie bereits dargestellt bleiben verschiedene Situationen, die innerhalb des Spiels durchlaufen wurden, auch nach Beendigung präsent. Spielt der Nutzer diese im Nachhinein nochmals für sich ab, durchlebt er sie aufs Neue, ohne sich Gedanken um alternative Lösungsmöglichkeiten oder Handlungsoptionen zu machen.
- Zeit erlebender Transfer
  Hierbei profitiert der Nutzer von Spielsituationen in denen seine Kompetenzen vornehmlich unter Zeitdruck eingesetzt werden müssen und er aufgrund dieses Trainingseffekts zeitkritische reale Situationen beispielsweise ruhiger und strukturierter bewältigen kann.[159]

---

[159] Vgl.: WITTING, Tanja (2007),Seite 53ff.

Dabei lässt sich herausstellen, dass Bildschirmspiele vor allem zu einem instrumentell-handlungsorientierten Transfer reizen. Nach Witting bauen die Nutzer dabei zuweilen Handlungsmuster auf, die so stark sind, dass sie auch langfristig in der Realität präsent sind und entsprechend angewendet werden können. Dabei schränkt sie ein, dass nach ihren Untersuchungen nur eine äußerst geringe Anzahl an Probanden Merkmale aufweisen, nach denen auch Aggressionen und Gewaltbereitschaft mit in den Alltag transferiert werden. Vielmehr verweist sie darauf, dass entsprechende Handlungsmuster auch auf andere Spiele angewendet werden und sich hierbei nochmals verfeinern und vertiefen lassen. So bauen Nutzer, die hinreichend oft Computerspiele verwenden, einen Katalog an Handlungsmustern auf, der zwar oftmals genretypische Merkmale aufweist, entsprechende Situationen dabei allerdings titelübergreifend lösen kann und zu einem raschen und nachhaltigen Spielerfolg beiträgt. [160]

Die bereits angesprochene Rückwirkung auf Verhaltensweisen bei der Nutzung von Fahrzeugen und des Eingreifens in den Straßenverkehr stellt dabei eine besondere Herausforderung dar. Handlungsweisen, die von solchen Spielen in reale Situationen übertragen werden, scheinen sehr problematisch zu sein und bergen ein hohes Gefahrenpotenzial. Dieses steigt mit dem Realitätsgrad des Spiels deutlich an. So lässt sich darstellen, dass vor allem Spiele, bei denen der Nutzer ein Lenkrad und Fußpedale benutzt sehr ausgeprägte Handlungsmuster konfigurieren, welche dann schnell im Alltag Anwendung finden können. [161]

Im Bereich des Sports finden Sportsimulationen wie *Madden* oder *FIFA* heute bereits aufgrund ihrer enormen Realitätsnähe Anwendung in der Trainerausbildung oder der Taktikarbeit von professionell geführten Sportvereinen. Hier können Taktiken,

---

[160] Vgl.: WITTING, Tanja (2007), Seite 140.
[161] Vgl.: WITTING, Tanja (2007), Seite 140.

Spielsituationen und Handlungsalternativen hinterfragt und nachvollzogen werden.[162]

Bei Strategiespielen lässt sich beobachten, dass es zu einem verstärkten Übernehmen von Entscheidungsaspekten kommt, die vom Ressourceneinsatz oder verfügbaren Kapazitäten abhängig gemacht werden. Dabei werden dann verschiedene Taktiken und Spielziele fokussiert wie beispielsweise ein möglichst langfristiger Aufbau einer Stadt oder die möglichst rasche Eroberung feindlicher Gebiete.[163]

Weiterhin lässt sich erkennen, dass Spieler, die ein bestimmtes Genre präferieren, darin geschult werden ihre Aufmerksamkeit zielgerichtet einzusetzen. Die sogenannten Wahrnemungsschemata helfen den Nutzern dabei ähnliche Situationen auf die eigentliche Handlung herunterzubrechen um somit schneller Handlungsoptionen zu erkennen und umzusetzen. Dies lässt sich auch spielübergreifend darstellen, bietet aber gleichzeitig ein deutliches Gefahrenpotenzial wenn Spieler plötzlich ein anderes Genre nutzen oder entsprechende Wahrnehmungsschemata in der realen Umwelt anwenden.[164]

Ein ähnlicher Effekt, der allerdings in der Regel nur selten in Bezug zu verschiedenen Handlungsmustern steht, entsteht, wenn Spieler Gebäude oder geografische oder bauliche Besonderheiten erkennen und in ihnen aus Spielen bekannte Darstellungen ableiten. Dieser zumeist willentlich gesteuerte wahrnehmungsorientierte Transfer prägt vor allem Kompetenzen des räumlichen Denkvermögens und der geografischen Auffassungsgabe.[165]

Auch in verbalen Äußerungen lassen sich Auswirkungen der Spiele auf die Verhaltensweisen ihrer Nutzer erkennen. Dabei werden oftmals Ausdrucksformen, Redewendungen und

---

[162] Vgl.: WITTING, Tanja (2007), Seite 140.
[163] Vgl.: WITTING, Tanja (2007), Seite 142.
[164] Vgl.: WITTING, Tanja (2007),Seite 158.
[165] Vgl.: WITTING, Tanja (2007),Seite 158.

Redeweisen übernommen, was allerdings zumeist auf humoristischer Basis vollzogen wird. Dies geschieht dabei in der Regel gewollt und aktiv gesteuert und findet zumeist nur innerhalb der Spielerszenen, also in Clans, auf LAN-Partys oder in entsprechenden Foren statt.[166]

Der gesellschaftlich oftmals in den Fokus gerückte Effekt ethisch-moralischer Transfers lässt sich in der Realität nur eingeschränkt beobachten. Dabei kommt es allerdings weniger zu einem Transfer von Werten und Normen virtueller Spiele auf reale Situationen, sondern vielmehr zu einer Anwendung gesellschaftlich anerkannter moralischer Grundgedanken auf die Spielsituation. Zwar sagen die meisten Spieler aus, dass das reale Wertesystem innerhalb eines Spiels keine Anwendung findet da es nicht im Einklang mit Computerspielen steht und dort keine tatschlichen Personen betroffen sind. Dennoch weisen die meisten Spieler enorme Hemmungen auf, wenn es innerhalb eines Spiels darum geht, beispielsweise Tiere zu töten oder sexuelle Gewalt auszuüben.[167]

Umso höher der Realitätsgrad des Spiels ist, desto eher werden gesellschaftliche Normen tatsächlich angewendet. Der Shooter *Moorhuhn* ist demnach aufgrund einer sehr vereinfachten und kindlichen Darstellung ein weitverbreiteter Titel, bei dem die Nutzer auf Hühner schießen. In sehr realitätsnahen Spielen wie *Grand Theft Auto (GTA)* geben die Spieler an, oftmals nur ungern auf Tiere zu schießen. Dieser Einschätzung ist jedoch kritisch gegenüberzustehen da gerade *GTA* dafür bekannt ist eine Plattform zu bieten, auf der die Nutzer hemmungslose Gewalt und realitätsfernes Verhalten ausüben können, ohne hierfür nachhaltige negative Konsequenzen befürchten zu müssen.[168]

Insgesamt zeigt sich allerdings, dass eine trennscharfe Unterscheidung zwischen virtueller Spielwelt und Realität von den meisten

---

[166] Vgl.: WITTING, Tanja (2007),Seite 165.
[167] Vgl.: WITTING, Tanja (2007),Seite 165.
[168] Vgl.: WITTING, Tanja (2007), Seite 216.

Spielern nur sehr schwer vollzogen werden kann. Durch gesellschaftliche Normen und Werte ist das Handeln der einzelnen Personen soweit geprägt, dass es enorme Auswirkungen auf die Spielnutzung hat und hier eine deutliche Beeinflussung zu erkennen ist, die auf einer Bewertung der virtuellen Welt mittels realweltlicher Moralmaßstäbe vollzogen wird.[169]
Dennoch lassen sich auch Auswirkungen von der virtuellen Spielewelt auf die Realität beschreiben. Witting beschreibt einen Nutzer von Kriegsspielen, der beispielsweise Nachrichten über reale Kriegssituationen interessiert verfolgt und diese bezüglich des taktischen Vorgehens der Armeen interpretiert. Dabei ergibt sich kein Gewaltpotenzial, vielmehr kommt es aber zu einer Wahrnehmung der Kriegssituation als eine Art Simulation des von ihm präferierten Spiels.[170]
Vor den dargestellten Transferebenen und –formen gewinnt weiterhin der eigentliche Prozess des Wissensaufbaus und des Kompetenzerwerbs an Bedeutung. An für sich wird Lernen dabei in der Regel *als ein Akt der Aneignung von Wissen und Informationen im Rahmen einer erziehenden oder unterrichtenden Tätigkeit verstanden.*[171] Hier gilt es zu hinterfragen, ob und wie dieser Prozess bei der Nutzung eines Computerspiels durchlaufen wird.
Wer in ein Computerspiel eintritt muss um sein Bleiberecht zu erhalten oder um das Spiel erfolgreich abzuschließen die Regeln lernen, die Steuerung verstehen und anwenden können und Strategien entwickeln um Probleme und Herausforderungen zu bewältigen. Der Spieler tritt also unmittelbar mit dem Spielstart in einen Lernprozess ein, der in der Regel bis zum Ende des Spiels fortgeführt wird. So wird das Spektrum an Handlungsweisen und Wissen stetig erweitert, wodurch das Potenzial einer spielerischen Lernumgebung deutlich wird: Innerhalb der Spiels werden

---

[169] Vgl.: WITTING, Tanja (2007), Seite 220.
[170] Vgl.: WITTING, Tanja (2007), Seite 221.
[171] Vgl.: ROSENSTINGL, Herbert; MITGUTSCH, Konstantin (2009), Seite 125

Lernprozesse ohne besonderen Aufwand und mit ungewohnter Leichtigkeit vollzogen.[172]

Um prinzipiell einen Kompetenzerwerb generieren zu können ist es notwendig, dass dem Lernenden etwas auffällt und er eine besondere Situation oder ein spezielles Problem erkennt. Wie Rosenstingl herausstellt, ist dies in dem heutigen medienüberlasteten Alltag allerdings schwierig. Ständig wird man mit Reizen, Eindrücken und Aspekten nahezu überflutet, wodurch ein individuelles Herausstellen von Situationen an denen man Lernen kann besonders schwierig geworden ist. Computerspiele können im Gegensatz dazu die Aufmerksamkeit ihrer Nutzer zielgerichtet kanalisieren und einen entsprechenden Lernprozess effizient anregen. Man spricht oftmals von dem „inneren Kreis des Spielens" in dem die Nutzer zuweilen die Welt außerhalb des Computerspiels zu vergessen scheinen und ihre gesamte Aufmerksamkeit auf das Geschehen innerhalb des Spiels lenken. [173]

Dabei werden neue Kompetenzen auf der Grundlage der bereits verfügbaren Erfahrungen aufgebaut, das Lernen *schließt immer an zuvor Gelerntem an*. Hierbei spricht man von Vorwissen oder Vorerfahrungen, die einen Katalog bereits verfügbarer Kompetenzen beschreiben.[174]

Hierbei gilt, dass der Grad und die Durchdringung der bereits erlangten Kompetenzen mit zunehmender Qualität auch die Qualität der neu zu erlernenden Kompetenzen positiv beeinflusst. Dies erkennt man vor allem auch an fortschreitenden Spielen, die zumeist stetig schwieriger werden und bei denen der Nutzer neue Herausforderungen durch einen Kompetenzerwerb löst der auf den durch das Spiel bereits gestiegenen Fähigkeiten und Fertigkeiten basiert.

---

[172] Vgl.: ROSENSTINGL, Herbert; MITGUTSCH, Konstantin (2009), Seite 125
[173] Vgl.: ROSENSTINGL, Herbert; MITGUTSCH, Konstantin (2009), Seite 128
[174] Vgl.: ROSENSTINGL, Herbert; MITGUTSCH, Konstantin (2009), Seite 129

Hier wird dann zudem ein Rahmen geschaffen, in dem der Nutzer experimentieren kann, ohne dass er mit überdurchschnittlichen Konsequenzen zu rechnen hat. Dabei ist das Experimentieren sogar das grundlegende Spielprinzip und steht im starken Kontrast zu den meisten Alltagssituationen, in denen falsche Entscheidungen mit schlechten Noten, Strafen, beruflichen Konsequenzen oder weiteren Einschränkungen sanktioniert werden. Im Computerspiel verliert man im Ernstfall vorübergehend sein Bleiberecht, welches man in aller Regel mit nur wenigen Klicks und ohne speziellen Aufwand wiedererlangt und die Situation mit dem nächsten Lösungsansatz erneut zu bewältigen versucht. [175]
Zudem bieten Computerspiele die Möglichkeit einen besonderen Kontext zu schaffen, in dem das Lernen erfolgt. Im Alltag und insbesondere in der Schule wird beispielsweise Empathie nur sehr schwer vermittelbar, wenn geschichtliche Aspekte verdeutlicht werden sollen oder weittragende berufliche Entscheidungen getroffen werden müssen. Durch die umfassenden Details der Spielsituation selbst und der hohen Identifikation mit dem virtuellen Stellvertreter befindet sich der Nutzer allerdings quasi innerhalb der Handlung und erlebt Geschehnisse dort deutlich näher. Er durchlebt Schlachten verschiedener Kriege und erfährt Gefahren und Abläufe in dem er sie selbst durchlebt. [176]
Hier wird der Wissenszuwachs tatsächlich immer dann erreicht, sobald eine Situation nicht erfolgreich absolviert werden kann, ohne das Vorgehen zu überdenken und zu hinterfragen und spezielle individuelle Handlungsalternativen zu definieren und auszuprobieren. Ohne entsprechende neue Ideen werden vorhandene Lösungen, Denkweisen und Vorgehensweisen lediglich gefestigt, eine Generierung neuer Kompetenzen wird allerdings nicht vollzogen. Dabei steigern Computerspiele ihre Anforderungen an den Nutzern stetig innerhalb neuer Level und Aufgaben.

---

[175] Vgl.: ROSENSTINGL, Herbert; MITGUTSCH, Konstantin (2009), Seite 130
[176] Vgl.: ROSENSTINGL, Herbert; MITGUTSCH, Konstantin (2009), Seite 131

Während der Einstieg zumeist sehr einfach ist und die Grundlagen der Steuerung der einzelnen Titel schult, nimmt die Komplexität der Herausforderungen und Problemstellungen schrittweise zu, bis es oftmals zu einer finalen besonders schwierigen Spielsituation kommt, die nur aufgrund der Vorerfahrungen aus den vorherigen Lösungswege erfolgen kann. Hier kann der Spieler sich stückweise an den Situationen ausprobieren, er kann Fehler machen und an den Herausforderungen scheitern, ohne dass er hierfür sanktioniert wird. Vielmehr hat er stets die Chance einen weiteren Lösungsansatz zu finden, diesen Auszuprobieren und sich an der Problemstellung zu messen, bis er eine adäquate Lösung gefunden und umgesetzt hat. [177]

Nach Mandl und Krause ist eine wechselseitige Kausalität zwischen Leistung und Kompetenz zu erkennen. Demnach wirken Kompetenzen auf die Leistungsfähigkeit ein und erbrachte Leistungen beeinflussen wiederum die Kompetenzen als solche. Diese Erkenntnis lässt sich dabei auf die Nutzung von Computerspielen übertragen. Um erfolgreich spielen zu können benötigt der Nutzer entsprechende Fähigkeiten und Fertigkeiten. Erzielt er innerhalb eines Spiels Fortschritte, verbessert er seine Kompetenzen im Einklang.[178]

Insgesamt stellt die Federation of American Scientists heraus, dass *„der Erfolg von komplexen Computerspielen demonstriert, dass Spiele höhere Denkprozesse trainieren, wie strategisches Denken, analytisches Interpretieren, Problemlösen, Vorhabenformulierung und Umsetzung, sowie Anpassung an rasche Veränderungen."* Es kommt also zu einem Mehrwert an Kompetenzen und einem entsprechenden Wissenszuwachs, der im Alltag kaum erreicht werden kann und insbesondere im Schulleben nur unter sehr schwierigen Bedingungen erreicht werden kann. [179]

---

[177] Vgl.: ROSENSTINGL, Herbert; MITGUTSCH, Konstantin (2009), Seite 131
[178] Machen Computer Kinder dumm? Seite 148
[179] ROSENSTINGL, Herbert; MITGUTSCH, Konstantin (2009), Seite 135

Der Transfer von Handlungsmustern und Kompetenzen im Allgemeinen, ausgehend von Computerspielen in die reale Welt wird verstärkt, wenn Spieler besonders intensiv in die Spielsituationen eintauchen. Das heißt, dass es zu langen und ausgiebigen Spielszenarien kommt, die möglichst wenig unterbrochen werden und mit einer hohen Qualität von Einsatzbereitschaft, Freude und emotionaler Verbundenheit zur Situation und des virtuellen Stellvertreters durchlaufen werden können. Gerade hier sind langfristig eingeübte Handlungsmuster und Wahrnehmungsschemata automatisiert verfügbar und lassen sich in vielen verschiedenen Situationen augenblicklich abrufen.[180]

---

[180] Vgl.: WITTING, Tanja (2007),Seite 235.

4.2.3 Besondere Motivation

Der Ablauf des vorab beschriebenen Lernprozesses kann nur erfolgreich stattfinden, wenn ihm eine gewisse Motivation innewohnt. Dabei lässt sich nachweisen, dass eine intrinsische Motivation, also solch eine, die aufgrund dem Spaß und dem Interesse an der Handlung obliegt, deutlich wertvoller ist.[181]
Genau diese Form der Motivation wird in der Regel durch das Nutzen von Computerspielen erreicht, da sich hier oftmals ein freiwilliges und individuelles Agieren innerhalb einer Spielewelt ergibt. Die Stärkung oder Erlangung von Kompetenzen oder von Lernerfolgen ist dabei nicht explizit von dem Spieler anvisiert und erfolgt als Nebenprodukt des Spielekonsums.[182]
Der Umgang mit virtuellen Spielen erfordert in der Regel ein enormes Maß an Ausdauer und Durchhaltevermögen um die einzelnen Spielelemente umfassend aufzugreifen, Steuerungen und Spielregeln zu verstehen und umzusetzen. Entsprechend der individuellen Zielsetzung variieren die Ansprüche an das Durchhaltevermögen und können stellenweise sogar über Jahre hinweg beansprucht werden.[183]
Entscheidend ist dabei die Wahrnehmung der Spieler selbst und ob sie die entsprechenden Spielsituationen als zu einfach oder zu herausfordernd einstufen. Motivationspsychologisch konnte herausgestellt werden, dass genau dann der Unterhaltungswert am stärksten ist, wenn mittelschwere Spielsituationen durchlaufen werden müssen. Interessanterweise ist genau in diesen Szenarien der Lerneffekt ebenfalls am höchsten, ohne dass dieser von den Spielern jedoch explizit wahrgenommen wird.[184]

---

[181] Vgl.: RENKL (2005)
[182] Vgl.: KERRES, Michael (2013), Seite 383.
[183] Vgl.: KERRES, Michael (2013), Seite 384.
[184] Vgl.: KERRES, Michael (2013), Seite 384.

Der Kompetenzerwerb findet dabei statt, indem ein mehrfaches Durchlaufen eines bestimmten Spielzyklus vollzogen wird. Dabei wirkt der Spieler auf die vorgegebene Situation ein, worauf sich diese verändert und den Spieler seinem Ziel näher bringt oder er sich von diesem entfernt. Diese als Rückmeldung verstandene Veränderung wird als Anlass eines weiteren Einwirkens des Spielers auf die nun neue Situation interpretiert, wodurch sie die Spielsituation ebenfalls wieder anpasst. Angemerkt sei dabei, dass gerade bei modernen Spielen dieser Zyklus oftmals nur wenige Sekunden andauert und dann wieder von neuem Durchlaufen wird.[185]

Dabei tritt der Fortschritt in den Spielsituationen ein, indem der Spieler sein Wissen über Steuerung und Regeln des Spiels einsetzt, also eine Transformation seines deklarativen Wissens in prozeduales Wissen vornimmt. Doch dies alleine reicht nicht aus, um die Spielsituationen erfolgreich zu bewältigen. Vielmehr sind innerhalb des Spiels eine Rekonstruktion der auf dem Spiel basierenden Grundidee und Programmierungshintergründe zu vollziehen.[186]

Da der Spieler –vor allem bei virtuellen Spielen- oftmals das gesamte Reglement und seine Einwirkoptionen nicht umfassend abschätzen kann, verändert sich für ihn die Spielsituation oftmals außergewöhnlich schnell und umfassend. Hier wird ein hohes Maß an Flexibilität abverlangt um neue Spielzüge durchzuführen, welche neben der gegebenen Situation auch wiederum neue Ansätze an Regeln berücksichtigen müssen. So entsteht ein sich stetig erweiterndes und umfassenderes Spielszenario mit immer neuen Handlungsoptionen und Herausforderungen. [187]

Diese stetig neuen Herausforderungen verlangen dabei zwar ständigen und konzentrierten Einsatz der Nutzer, wirken allerdings zunehmend motivierend, da es bei entsprechenden Erfolgen zu

---

[185] Vgl.: KERRES, Michael (2013), Seite 384.
[186] Vgl.: KERRES, Michael (2013), Seite 386.
[187] Vgl.: KERRES, Michael (2013), Seite 384.

einem Mechanismus von Herausforderung und Belohnung kommt. Dieser Durchlauf ist dabei nachweislich vor allem auf dem Hinblick der Langfristigkeit besonders motivierend.[188] Dass sich durch den Spielzyklus das Muster einer Art Versuch-und-Irrtum-Spielbewältigung (also eine Form der operanten Konditionierung) erkennen lässt, wirft die Frage auf, inwieweit das Spielen nach ausschließlich dieser Lernform langfristig motivierend bleibt. Und tatsächlich zeigen Untersuchungen, dass Titel die ausschließlich auf einer entsprechenden Konditionierung aufgebaut sind, schnell an Spielspaß einbüßen und langfristig einen deutlich geringeren Kompetenzerwerb verzeichnen.

Um dem entgegen zu wirken, lassen sich verschiedene Ansätze an Lernhilfen abgrenzen, die die Erfassung des deklarativen Wissens (grundlegender Regeln und Spielmodi) erleichtern;

- Sogenannte Tutorials, Spielanleitungen oder Regelbücher geben Anmerkungen und Hinweise zu Regeln, Steuerungen, Tipps und Tricks
- In Internetforen können Ansätze zur Spielbewältigung diskutiert werden. Dabei werden von den Herstellern zunehmend entsprechende Foren angeboten, welche durch Administratoren unterstützt werden um Probleme zu lösen.
- Viele Spiele verfügen über sogenannte Einführungsmissionen in denen der Spieler durch didaktisch aufbereitete Hinweise Hilfestellungen nutzen kann, um einen Grundstock an Steuerungsmodi und Regeln zu erhalten, auf denen das Spiel aufbaut.[189]

Doch gerade bei den Hilfestellungen ist ein Grundprinzip der Motivationspsychologie zu beachten, nachdem ein Spiel (unabhängig

---

[188] Vgl.: GEBEL, Christa (2006), Seite 177.
[189] Vgl.: KERRES, Michael (2013), Seite 385.

ob virtuelle oder nicht) an Spielspaß verliert, umso länger die Einweisung und das vertraut machen mit den Regeln dauert. [190]
Auf der anderen Seite lassen sich allerdings auch zusätzliche Motivationsquellen abgrenzen. Wie vorab beschrieben wachsen die Anforderungen an die zu bewältigenden Herausforderungen mit zunehmender Spieldauer stetig an. Dabei erweitert der Spieler auch seine Kompetenzen und löst kritische Spielsituationen auf den bereits erlangten Kompetenzen. Durch das Bewältigen dieser zunehmend schwierigen Herausforderungen stellt sich bei dem Nutzer ein besonderes Erfolgsgefühl ein, aufgrund dessen zum einen sein Stolzempfinden und in der Folge die Motivation zum Weiterspielen steigt. [191]
Weiterhin integrieren Computerspiele Momente der Selbstverwirklichung in ihr Handeln mit ein. So kann es durchaus sehr positive Auswirkungen haben, wenn ein Nutzer versucht, innerhalb eines Spiels eine bestimmte Bestmarke zu erlangen, seinen Charakter weiterzuentwickeln und einfach erfolgreicher zu sein als die Konkurrenz. Diese Elemente werden unter dem Begriff Gamification zusammengefasst und sind fester Bestandteil eines jeden Spiels. Gerade bei tatsächlich auf das Lernen ausgerichtete Spielen, in der Regel bei *Serious Games*, sind diese Elemente besonders wirksam, die Motivation vor allem bei jüngeren Nutzern längerfristig zu erhöhen.[192]
Gamification kann man dabei auf drei unterschiedlichen Bezugsnormen betrachten. Während aus sozialer Sicht das Messen mit anderen Spielern im Vordergrund steht („Bin ich besser als die Konkurrenz?") betrachtet die individuelle Ansicht die eigene Entwicklung („Habe ich mich verbessert/mein Ziel erreicht?"). Die sachliche Bezugsnorm orientiert sich hingegen an der Zielsetzung des Spiels an sich und lässt sich an bestimmten Vorgaben

---

[190] Vgl.: KERRES, Michael (2013), Seite 385.
[191] Vgl.: KERRES, Michael (2013), Seite 385.
[192] Vgl.: KERRES, Michael (2013), Seite 389.

erkennen („Habe ich das Spielziel erreicht?"). So geben Meldungen über das erreichte Level oder den prozentualen Spielfortschritt Aufschluss über die aktuelle Entwicklung. [193]

---

[193] Vgl.: KERRES, Michael (2013), Seite 391.

4.2.4 Computerspielkulturen

Die Effekte der vermehrten Computerspielenutzung auf die Kommunikation, Sozialisation und Gesellschaft wird von Andreas Hepp mit der Begriffsbildung der *Computerspielekultur* umrissen. Dabei umschließt er insbesondere auch ökonomische Effekte und Wirkungsweisen der gesamten (Computer-)Spieleindustrie.[194]
Um diese Auswirkungen einer genaueren Untersuchung unterziehen zu können und sie vereinfacht und verständlicher darzustellen, erschuf Hepp zudem den sog. „Kreislauf der Medienkultur", welcher sich ebenso auf die Wirkungsweise von Computerspielen transferieren lässt. Dabei geht Hepp von fünf Ebenen oder Dimensionen aus, welche den gesamten Wirkungsprozess abzeichnen und die im Folgenden dargestellt werden sollen.[195]

---

[194] Vgl.: HEPP, Andreas; BOZDAG, Cigdem; SUNA, Laura: Mediale Migranten: Mediatisierung und die kommunikative Vernetzung der Diaspora, 2011, Wiesbaden: VS Verlag für Sozialwissenschaften, Seite 103 ff
[195] Vgl.: WIMMER, Jeffrey (2013), Seite 72.

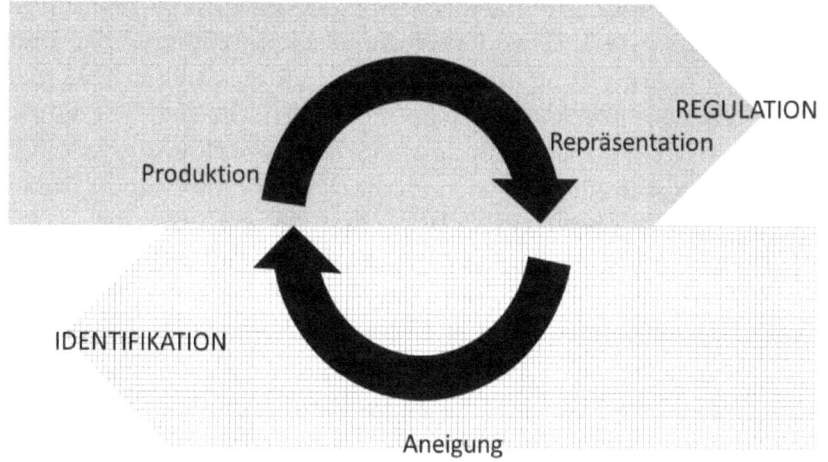

Abb. 4: Kreislauf der Medienkultur:
(Quelle: Wimmer, Jeffrey: Massenphänomen Computerspiele, 2013)

- Produktion
  Die Ebene der Produktion fungiert weitestgehend auf ökonomischer Basis und umfasst vor allem den Bereich der Spieleindustrie und –entwicklung. Es stehen u.a. Strukturen, Praktiken und Abläufe der Erschaffung von Computerspielen als Kulturgut im Fokus.[196]
- Repräsentation
  Die Ebene der Repräsentation zentralisiert das Bild der öffentlichen Wahrnehmung und Meinung von Computerspielen. Dabei werden Fragen fokussiert, die Themen der Geschlechterrolle, Gewalt oder Bedeutung der Spiele beleuchten. Besondere Bedeutung genießen hier stets die

---

[196] Vgl.: WIMMER, Jeffrey (2013), Seite 72.

99

Darstellungen und Meinungen der Spieler und Hersteller selbst.[197]

- Aneignung
  Den *inneren Zirkel* des Kreislaufes komplettierend kommt der Aneignung eine ebenfalls wichtige Rolle zu. Hierbei geht es um eine Abgleichung dessen, wie sich Nutzer die Medienkultur zu Nutze machen, wie sie hiervon profitieren, sich einbringen und diese weiterentwickeln. Dabei geht es oberflächlich betrachtet zunächst um die Frage, wie man das Spielen von verschiedenen Produkten lernt, wie man die Steuerung der Spielsituation bewältigt und ob man dabei beispielsweise das komplette Spektrum an vorgegebenen Möglichkeiten nutzt. Allerdings gehören in einem zweiten Blick auch Themen der gemeinschaftlichen Nutzung, also der Mitgliedschaft in spielenden Gemeinschaften (Clans), der Einbringung in Foren oder der Einhaltung kultureller und moralischer Regeln hinzu.[198]

- Regulation
  Die Regulation umfasst das gesamte -vornehmlich juristische- Spektrum an äußerlichen Regeln und Normen der Computerspielenutzung. Dabei spricht man exemplarisch von Altersbeschränkungen, Vorgaben zu Spielinhalten oder der Nutzbarkeit von Lizenzen.[199]

- Identifikation
  Die Identifikation bezeichnet das Zugehörigkeitsgefühl der Nutzer zum Spiel und dem individuellen virtuellen Stellvertreter sowie einhergehende Maßnahmen um sich von Dritten zumeist nichtspielenden Personen abzugrenzen. Ähnlich wie bei einem Fußballfan kann sich dies auf das tragen bestimmter aussagekräftiger Kleidungsstücke

[197] Vgl.: WIMMER, Jeffrey (2013), Seite 72.
[198] Vgl.: WIMMER, Jeffrey (2013), Seite 72.
[199] Vgl.: WIMMER, Jeffrey (2013), Seite 72.

beziehen als auch auf die Verwendung spezieller Verhaltensweisen Ausdrucksformen und Redeweisen. [200]
Um Computerspielkulturen noch genauer zu analysieren und ihre Strukturen konkret und zielgenau darstellen zu können formulierte Mäyrä drei Ebenen der Computerspielforschung, die eine entsprechende Analyse zielorientiert strukturieren können.

- Dabei wird in einer ersten Ebene die Art und Weise des täglichen Umgangs mit Computern untersucht. Hier wird analysiert zu welchen Tageszeiten, wie lange und in welchen Ritualen (z.B. vor dem Schlafengehen) die Nutzung anvisiert wird.
- Weiterhin sind Erfahrungen mit Computerspielen ein bedeutendes Merkmal. Dabei geht es sowohl um negative als auch positive Erlebnisse, seit wann die Spieler Computerspiele nutzen und welche Titel sie warum präferieren.
- Die Integration der Spiele in den Alltag ist eine letzte Ebene, die bei einer entsprechenden Analyse hilfreich sein kann. Dabei wird hinterfragt wie der Spieler Kontakt zu den Geschehnissen innerhalb der Handlung aufnehmen kann, ob er dies beispielsweise durch die ständige Verbindung mit seinem Smartphone realisiert, ob er mehrmals täglich Emails und Foren überprüft oder ob er nach freiem Ermessen durch das bewusste Einschalten der Hardware auf die Spielinhalte zugreift.[201]

---

[200] Vgl.: WIMMER, Jeffrey (2013), Seite 72.
[201] Vgl.: MÄYRÄ, Prof. Frans (2008), Seite 118 ff.

Mäyrä analysierte zudem verschiedene Computerspielsubkulturen mit dem Ziel eine möglichst genaue und differenzierte Abgrenzung solcher Gruppierungen vornehmen zu können. Im Besonderen konnte er dabei vier grundlegende Merkmale herausstellen, welche sich so oder in geringer Abweichung auf die meisten Computerspielsubkulturen übertragen lassen. Allen voran spricht er dabei von den bereits dargestellten Kommunikationsregeln, die sich auf Redeweisen beziehen, die oftmals Zitate, Modulationen, Redewendungen und Formulierungen der jeweiligen Spiele aufweisen oder sich auf eine andere Weise abgrenzen. Zudem weisen die meisten Mitglieder den Besitz verschiedener Gegenstände auf, die in einem besonderen Bezug zu den Spielen stehen. So lassen sich hier exemplarisch originalverpackte Spiele, Poster, bestimmte Bücher oder Figuren nennen. Erinnerungen an besondere Spielerlebnisse sind ebenfalls beobachtbare Merkmale der Zugehörigkeit zu einer entsprechenden Gemeinschaft, wobei diese auch virtueller Natur sein können und zum Beispiel die Videoaufnahme eines besonderen Sieges oder einer beachtlichen Niederlage umfassen können. Letztlich, steht der gemeinsame Austausch im Fokus einer Spielesubkultur. Da sich deren Mitglieder oftmals gar nationenübergreifend zusammenschließen, findet die Kommunikation virtuell unter der Mithilfe von verschiedenen Foren oder beispielsweise sozialen Netzwerken wie Facebook statt. Hierbei ist die Teilnahme der einzelnen Mitglieder grundlegend um als aktive und zugehörige Person vom Rest der Gruppe anerkannt zu werden.[202]

An dieser Stelle sei einschränkend darauf verwiesen, dass bei weitem nicht alle Computerspieler einer hier beschriebenen Subkultur zugehören. Selbst bei sehr intensiver und regelmäßiger Nutzung von Onlinespielen ist eine Verankerung in einer entsprechenden Gemeinschaft oder eines Clans nicht zwingend erforderlich.

---

[202] Vgl.: MÄYRÄ, Prof. Frans (2008), 118 ff.

Auf der Grundlage der vorab beschriebenen Ausführungen nimmt Wimmer einen interessanten Versuch vor, verschiedene Ebenen von Computerspielkulturen qualitativ abzugrenzen. Dabei unterscheidet er vier Dimensionen die im Folgenden dargestellt werden sollen:

1. Spielerkulturen
   Spielerkulturen beschreiben als oberste Dimension die verschiedenen Spieltypen und Spielarten. Spielt man alleine oder in einer Gemeinschaft, geht es um Sportspiele, Strategiespiele oder Simulationen. [203]
2. Spielgemeinschaften
   Hier werden Verbindungen innerhalb und außerhalb des Spiels dargestellt. Dabei geht es um die Frage welche gemeinsamen Werte man vertritt, in welchen Beziehungen die Spieler zueinander stehen und ob sie dabei möglicherweise sogar feste Mitgliedschaften eingehen. [204]
3. Spielmetakultur
   Spielmetakulturen beschreiben die zuweilen auch über das Spiel hinausreichenden Medien, die die einzelnen Spiele umfassen. Dabei geht es darum, ob bestimmte Veranstaltungen stattfinden an denen die einzelnen Nutzer teilnehmen können, ob es Fach- oder Fanzeitschriften gibt, wo und wie die Nutzer miteinander kommunizieren können. [205]
4. Spiele als kulturelle Objekte
   Hierbei geht es im weitesten Sinne um die öffentliche Wahrnehmung der einzelnen Spiele. So werden beispielsweise Spielfiguren wie *Lara Croft* oder *PacMan* gerne bereits als Kulturgut umschrieben, Computerspielmarken wie EA-

---

[203] Vgl.: WIMMER, Jeffrey (2013), Seite 76.
[204] Vgl.: WIMMER, Jeffrey (2013), Seite 76.
[205] Vgl.: WIMMER, Jeffrey (2013), Seite 76.

Sports werden bei der unternehmerischen Entwicklung skeptisch fokussiert und betrachtet. [206]

---

[206] Vgl.: WIMMER, Jeffrey (2013), Seite 76.

4.3 Auswirkungen von Computerspielen

Der gestiegene Medieneinsatz im Alltag bestimmt viele unserer heutigen Lebensbereiche. Smartphones, Fernsehen, Radio und Computer sorgen für einen stetigen Informationsfluss und sorgen zuweilen für eine stetige Erreichbarkeit für Reizeinflüsse. Wie diese Reize sich in Bezugnahme auf die Nutzung von Computerspielen auswirken, soll im Folgenden explizit untersucht werden. Dass Computerspiele einen negativen Einfluss auf die Lernbereitschaft ihrer zumeist jugendlicher Nutzer ausübt, galt lange Zeit als bewiesen und wurde entsprechend kommuniziert. Nach zahlreichen Untersuchungen erfolgte in den vergangenen Jahren allerdings ein Umdenken und sie wurden immer häufiger als Bildungsinstrument genutzt um Lernerfolge zu erzielen und Wissenseffekte zu generieren.
Entsprechend hat sich auch die Wahrnehmung der Bevölkerung verschoben. Einer Befragung des *Bundesverbandes für Informationswirtschaft, Telekommunikation und Medien e.V.* zugrunde liegend stimmen 40% der Befragten darin überein, dass entsprechende Spiele u.a. Geschicklichkeit und Denkvermögen fördern. Insgesamt geht man dabei davon aus, dass Computerspiele fünf Kompetenzbereiche fördern können, nämlich Medienkompetenz, kognitive Kompetenz, soziale Kompetenz, persönlichkeitsbezogene Kompetenz und Sensomotorik. [207]
Dabei müssen diese Effekte dennoch kritisch angesehen werden, wie der Lernspielforscher James Paul Gee differenziert. Demnach sind Computerspiele genau dann gut und fördern individuelle Lern- und Wissensprozessen, wenn sie vor dem Hintergrund genutzt werden um Strategien und Problemlösungen zu entwickeln, diese dann gegebenenfalls mit Freunden zu reflektieren und somit

---

[207] Vgl.: GEBEL, Christa (2010), Seite 24.

Interesse für digitale Medien wie eben Computerspiele entwickeln.[208]

Als auf lernprozessförderlich ausgelegtes Spielgenre kommt dabei den bereits angesprochenen *Serious Games* eine besondere Rolle zuteil. Hier werden die dargestellten Strategieentwicklungen oder Problemlösemechanismen zielgenau eingesetzt um einen Wissenszuwachs zu generieren oder entsprechende Kompetenzen handlungsorientiert zu fördern. Nach Wimmer existieren allerdings viele Beschreibungen und Ansätze, die versuchen, den Spielekomplex der *Serious Games* zu definieren. Da man sich derweil auf die o.a. Beschreibung zu einigen scheint und sie die meisten Ansätze vereint, soll die getroffene Erklärung als Abgrenzung für den Inhalt der vorliegenden Arbeit hinreichend sein. [209]

Dabei soll herausgestellt werden, dass der Einsatz von *Serious Games* damit in der Regel vor dem Hintergrund einer Förderung individueller Kompetenzen erfolgen soll. Da es sich bei den entsprechenden Lerninhalten zudem meistens um Problembewältigen oder Lösung von Alltagsproblemen geht, wird hier eine Förderung von Kompetenzen mit beruflichem Schwerpunkt anvisiert.

Bekannter Weise entwickeln sich Kinder und Heranwachsende vor allem durch körperliche Wahrnehmungen und eine direkte physische Interaktion mit der Umwelt. Durch das haptische und kommunikative agieren mit Freunden, Eltern und Geschwistern sowie der Nutzung realer Gegenstände wie Spielsachen oder Besteck werden Lerneffekte vollzogen, die sensibilisierte Verhaltenseffekte nach sich ziehen und dem Lernenden dabei helfen, sich zunehmend als eigenständiger Teil in der Gesellschaft zu integrieren und entsprechend zu handeln und zu agieren. [210]

Während der Nutzung von Computerspielen entfällt jedoch das praktische Moment der Interaktion mit der Umwelt. Vielmehr

---

[208] Vgl.: HAUCK, Mirjam (2013).
[209] Vgl.: WIMMER, Jeffrey (2013), Seite 103.
[210] Vgl.: WIMMER, Jeffrey (2013), Seite 60.

werden Handlungen durch den vorab beschriebenen virtuellen Stellvertreter innerhalb des jeweiligen Computerspiels vollzogen, wodurch eine sogenannte Entkörperlichung des Agierens festgestellt werden kann.[211]

Durch das bereits beschriebene körperliche Zusammenspiel des Nutzers mit dem Computerspiel selbst Betätigen der Tasten, genaues Beobachten,…) ist ein vollständiger Ausschluss der Sinneswahrnehmungen allerdings nicht zu befürchten. In diesem Zusammenhang stellt die Pädagogin Manuela Petraß fest: *„Der Körper als Schnittstelle zur Realität wird nach wie vor sinnlich erfahren, virtuelle Realität ist nicht rein geistig zu vollziehen."*[212]

Computerspiele wirken dabei vornehmlich durch sinnlich erfahrbare Emotionen. So stellt Martti Lahti heraus, dass beispielsweise die erfolgreiche Nutzung von Horrorspielen durch das sinnliche miterleben von Ängsten und Befürchtungen gesteigert werden kann. Denn für den Avatar empfundene Empathie versetzt sich der Spieler sehr viel umfassender in die virtuelle Rolle seines Stellvertreters und findet schneller und bessere Lösungswege, Problembewältigungen und setzt diese strukturierter und erfolgreicher um.[213]

---

[211] Vgl.: WIMMER, Jeffrey (2013), Seite 60.
[212] WIMMER, Jeffrey (2012).
[213] Vgl.: WIEMER, Serjoscha (2014), Seite 88.

4.3.1 Kognitive und methodische Auswirkungen

Computerspiele können einen Wissenszuwachs begleiten, anregen und unterstützen. Um dies herauszustellen ist zunächst zu untersuchen, auf welche Arten innerhalb der Nutzung eines Computerspiels ein entsprechender Lernprozess durchlaufen werden kann.

Prinzipiell entscheidet man zwischen zwei Arten des Wissenszuwachses und differenziert dabei zwischen absichtlichem Lernen (Explizites Lernen) bei dem die Person weiß, dass sie lernt. Andererseits erfolgt implizites oder inzidentelles Lernen unbeabsichtigt und in der Regel ohne das genaue Wissen des Lernenden. Hierbei wird der Wissenszuwachs beiläufig vollzogen, während primär eine andere Handlung ausgeführt wird. [214]

Innerhalb eines Spiels kommt es in der Regel zu implizierten Lernprozessen, wenn der Spieler verschiedene Situationen durchläuft und beispielsweise durch die Versuch-und-Irrtum-Methode mögliche Handlungsoptionen durchläuft. [215]

Explizites Lernen findet jedoch immer dann Anwendung, wenn der Nutzer mit seinem Instrumentenkatalog nicht weiter kommt und er vor einer scheinbar unlösbaren Aufgaben steht. Dann wird der eigentliche Spielprozess unterbrochen um beispielsweise im Internet, verschiedenen Foren oder Lösungsbüchern nach einer passenden Problemlösung zu suchen. Dabei gilt allerdings, dass der Spielspaß und die Motivation abnimmt, je länger und umfassender die Unterbrechung des eigentlichen Spielbetriebs ist, da sie einzig unter der Prämisse aufgenommen wird, möglichst schnell das Problem zu lösen und den Verlauf des Spiels fortzuführen. Zu beachten ist hierbei weiterhin, dass die Gefahr der zumindest

---

[214] Vgl.: KERRES, Michael (2013), Seite 387.
[215] Vgl.: KERRES, Michael (2013), Seite 385.

vorübergehenden Aufgabe des Spiels ansteigt, insofern die Unterbrechung länger andauert. [216]
Um dieses Problem zu umgehen formulierte Bopp verschiedene Ansätze, um darzustellen, wie man explizites Lernen in das Spiel selbst integrieren kann um dabei den eigentlichen Spielablauf möglichst nur kurzfristig zu unterbrechen. So spricht er beispielsweise davon, hilfestellende Objekte farblich oder bewegungsmotorisch von der restlichen Umwelt abzugrenzen. Diese können dann genutzt werden um einen entsprechenden expliziten Wissenszuwachs zu generieren und die Spielhandlung wieder aufzunehmen.[217]
Erwähnt sei an dieser Stelle, dass gerade Lernspiele und *Serious Games* hierbei besondere Gefahr laufen durch eine zu komplexe Unterbrechung des ohnehin schon eingegrenzten Spielablaufs, die entsprechende Motivation so einzuschränken, dass es zu einem Abbruch des Spiels durch den Nutzer kommen kann. [218]
Zusammenfassend kann man abgrenzen, dass es zwei Möglichkeiten gibt Lernarrangements in (Computer-)Spiele zu integrieren. Zum einen können Alltagssituationen durch Spiele simuliert werden. Dabei nähert sich die virtuelle Welt einer realen Herausforderung an und modelliert die entsprechenden Situationen möglichst realistisch. Zum anderen können Lernaufgaben als Teil des Spiels fungieren und auf explorativer Grundlage eingesetzt werden. [219]
Der Vorteil einer Simulation liegt darin, dass man pädagogische Abgrenzungen vornehmen kann und komplexe Situationen vereinfacht darstellt. Dadurch wird die Aufmerksamkeit des Nutzers auf die wesentlichen Faktoren der einzelnen Zusammenhänge gelenkt, wodurch deren Bewältigung deutlich vereinfacht wird. Als

---

[216] Vgl.: KERRES, Michael (2013), Seite 386.
[217]Vgl.: BOPP, Mathias (2005)
[218] Vgl.: KERRES, Michael (2013), Seite 388.
[219] Vgl.: KERRES, Michael (2013), Seite 388.

populäre Beispiele lassen sich hierbei Wirtschaftssimulationen wie das Sportspiel *Fußballmanager* nennen. Hier werden nur maßgebliche Inhalte wie Spielertransfers und Sponsoringverhandlungen in das Spiel integriert, an denen der Nutzer wachsen kann. Verhandlungen über Gehälter der Mitarbeiter, Steuerfragen oder sonstige tiefgreifende Aufgaben werden hingegen ausgespart.[220] So wird dem Nutzer ein Einblick in das Gebaren eines Sportmanagers gegeben und ihm dabei unter anderem betriebswirtschaftliche Inhalte vermittelt. So muss beispielsweise abgeglichen werden, dass sich Kosten und Einnahmen im Mindesten decken, dass weitere Ressourcen nachhaltig eingesetzt werden und dass die Infrastruktur des Vereins gepflegt wird.

Situationen in denen Lernaufgaben in das eigentliche Spiel eingebettet werden haben den Vorteil, dass der Spielfluss weitestgehend erhalten bleibt und die entsprechenden Aufgaben, Ziele und Herausforderungen dennoch umgesetzt werden können. Um im Spiel weiterzukommen und das angesprochene Bleiberecht zu halten, muss man sich mit den jeweiligen Aufgaben auseinandersetzen und diese lösen. [221]

Diese beiden Ansätze werden als *Game Based Learning* bezeichnet. Der Vorteil beider Möglichkeiten ist, dass der Lernprozess nicht als „Strafe" aufgefasst wird, sondern als Teil des Spiels gesehen wird und die Motivation entsprechend hochgehalten werden kann. [222]

Trotz einem zunehmendem Interesse der Forschung an der Auswirkung von modernen Medien und vor allem Computerspielen auf Ihre Nutzer, sind Einflussnahmen auf Kompetenzentwicklungen bislang nur punktuell untersucht worden. Ganz allgemein ist allerdings davon auszugehen, dass entsprechende Spiele bereits bei einer durchschnittlichen Nutzung einen enormen Einfluss auf

---

[220] Vgl.: KERRES, Michael (2013), Seite 389.
[221] Vgl.: KERRES, Michael (2013), Seite 389.
[222] Vgl.: KERRES, Michael (2013), Seite 389.

die Identitätsentwicklung ausüben können, was sich unter anderem auch aufgrund der bereits dargestellten hohen Motivation und des Identifikationspotenzials mit der Spielsituation ergeben.[223]

Der besondere Einfluss soll an zwei Beispielen verdeutlicht werden. Nach einer Studie von Greenfield und Cocking konnte nachgewiesen werden, dass Spiele wie *Marble Madness* oder *Tetris* Leistungen von Schülern und jungen Erwachsenen in Bezugnahme auf räumliches Sehen, Zeichnen und Wahrnehmen deutlich steigern kann. Besondere Fortschritte konnten dabei bei Schülern aufgezeigt werden, die zu Beginn der Studie in diesem Bereich eher Schwierigkeiten aufwiesen. Zudem wiesen Probanden mit einer weitreichenden Computerspielerfahrung deutlich bessere Leistungen in der Reaktionszeit und der Bearbeitung von Aufmerksamkeitsaufgaben auf.[224]

Ähnliches gilt auch für den Bereich des Problemlösens. Verschiedene Studien (u.a. Kraam-Aulenbach 2003 und Fromme 2000) zeigen auf, dass Kinder und Jugendliche, die regelmäßig Computerspiele nutzen, ein deutlich breiteres und qualitativ hochwertigeres Kompetenzspektrum aufweisen, wenn es darum geht passende Lösungsmöglichkeiten in verschiedenen Spielsituationen zu finden. Auch wenn der Transfer auf reale Alltagssituationen dabei noch nicht anvisiert wurde, verweist Kraam-Aulenbach darauf, dass bei ähnlichen Situationen ein *heimlicher Lernplan* nachzuweisen sei, der explizite Anwendung auch außerhalb des Spielgeschehens finde.[225]

Zudem konnte Kraam nachweisen, dass Spieler, die sich mindestens mittelfristig mit Spielen befassen, in denen Schnelligkeit und

---

[223] Vgl.: GEBEL, Christa (2006), Seite 148.
[224] Vgl.: GEBEL, Christa (2006), Seite 148.
[225] Vgl.: GEBEL, Christa (2006), Seite 150.

Entscheidungsfreude notwendig sind, auch außerhalb der Spielwelten deutlich stressresistenter reagieren.[226]
Beck und Wade stellen heraus, dass Personen, die in ihrer Kindheit und Jugend Computerspiele genutzt haben, viele beruflich wertvolle Kompetenzen aufgebaut haben. So sprechen sie davon beobachtet zu haben, dass dann eine hohe Konzentration an Leistungsorientierung, Teamfähigkeit, Loyalität und Engagement zu erkennen sei und diese die Fähigkeiten konkurrierender Nicht-Spieler in der Regel übersteigen. Weiterhin stellen sie fest, dass es zusätzlich zu einem besseren Umgang mit Problemen, Frustration und Misserfolgen kommt. Dabei bereiten sie lediglich beruflich relevante Faktoren auf, welche nach Rosenstingl um alltägliche Kompetenzen noch deutlich erweitert werden können.[227]

4.3.2 Sozialisationsbezogene Auswirkungen

Die in der Entstehungsphase von Computerspielen befürchtete Vereinsamung der Nutzer hat sich im Laufe der Jahre als ungerechtfertigt herausgestellt. Von je her werden Computerspiele meistens in der Interaktion mit weiteren realen Mitspielern gespielt. Viele Formen eines sozialen Aufeinandertreffens sind dabei u.a. in Form von Onlinespielen, Spielen über entsprechende Apps, LAN-Partys oder gemeinsamen Spielen an einem Gerät zu erkennen.[228]
Obwohl man Spiele im Allgemeinen im Rahmen eines sozialen Netzwerkes nutzt (z.B. Mensch ärgere Dich nicht, Kartenspiele,…) kommen Computerspielen eine gesonderte Bedeutung zu. Wie bereits dargestellt verfügen Computerspiele über einen anderen Rahmen an Eigenschaften und Merkmalen und dessen Nutzung somit eine -im Vergleich zu traditionellen Spielen- zu

---

[226] Vgl.: GEBEL, Christa (2006),, Seite 151.
[227] Vgl.: ROSENSTINGL, Herbert; MITGUTSCH, Konstantin (2009), Seite 137
[228] Vgl.: WIMMER, Jeffrey (2013), Seite 66.

differenzierende Einflussnahme auf den Spieler ausübt. Zudem steht der Computer (oder Konsolen,...) im Zentrum der zunehmen Mediatisierung, wodurch spielerisch wichtige Eigenschaften und Kompetenzen die auch im alltäglichen Umgang mit Computern notwendig sind, zur fachgerechten Nutzung nötig sind. [229]
Entgegen der früheren Befürchtung wird durch die Nutzung von Computerspielen das soziale Miteinander aus quantitativer Sicht sogar verstärkt. Während um die Jahrtausendwende sog. LAN-Partys, bei denen Spieler mit Computern ein gemeinsames Netzwerk errichten um dann gemeinsam zu spielen, besonderer Beliebtheit erfreuten, kann man heutzutage durch die zunehmende Entwicklung und Erweiterung des Internets ohne besonderen Aufwand gar weltweit entsprechende Mitspieler finden.
In regelmäßig zu nutzenden Spielwelten wie beispielsweise *World of Warcraft* entstehen auf diese Weise zuweilen mittel- bis langfristige Netzwerke von Spielern und Spielergemeinschaften, die nach Döring folgende Eigenschaften aufweisen: *„Ein Verbund von Menschen mit gemeinsame Interessen, die mit gewisser Regelmäßigkeit und Verbindlichkeit auf computervermitteltem Wege Informationen austauschen und Kontakte knüpfen."* [230]
Die Kommunikation untereinander erfolgt dabei durch zusätzliche Programme (z.B. Teamspeak), über spielinterne Chats, per Email oder in expliziten Foren. [231]
Diesen langfristigen Gemeinschaften stehen zudem Spieler gegenüber, deren Interagieren mit dem Mitspieler nur kurzfristig ausgelegt ist. Dies lässt sich beispielsweise bei Sportspielen wie der Serie *FIFA* beobachten, bei der Spieler online eine Partie gegeneinander austragen, dabei nur wenige Formen der zusätzlichen Kommunikation zur Verfügung haben und die Beziehung mit dem Ende des Spiels ebenfalls beenden. Diese Art des

---

[229] Vgl.: WIMMER, Jeffrey (2013), Seite 66.
[230] WIMMER, Jeffrey; DÖRING, Nicole; VOGEL, Kristi (2009), Seite 151.
[231] Vgl.: WIMMER, Jeffrey (2013), Seite 67.

gemeinsamen Spielens ist insgesamt allerdings eher untypisch und nur auf die entsprechend ausgelegten Spieletypen und -modi beschränkt. Vielmehr lässt sich ein Trend zu stark verwurzelten Gemeinschaften erkennen, bei der die Spieler über lange Zeiträume gemeinsam agieren und sich entsprechend enge und langfristige Netzwerke ergeben.[232]

Dies geschieht zumeist bei der Nutzung von Spielen die eine dermaßen starke Anziehung aufweisen, dass deren Nutzer besonders erfolgreich sein wollen. Unter diesem als eSports definierten Bereich gliedern sich Spieler ein, die ein besonderes Erfolgsstreben aufweisen und entsprechend Leistungsanforderungen an sich und ihr Netzwerk richten. Dabei werden die so entstehenden Gemeinschaften in der Regel als Clans bezeichnet, deren Eigenschaften sich -entgegen der ursprünglichen Namensgebung- weniger auf eine hierarchisch und autoritär klar abgegrenzten Machtstruktur belaufen, sondern vielmehr das freundschaftliche und zuweilen nahezu familiäre Moment wahren. Hier lassen sich in der Namensgebung dieser Vereinigungen dann gerne neben Titulierungen aus den Spielinhalten zur Abgrenzung auch kriminellorientierte Namensfindungen erkennen (z.B. *Team Ultraforce, Bum-Fight-Killers, Against all Authority*). Insgesamt lässt sich hier eine Gemeinschaftsfindung erkennen, die dem erwähnten Trend einer zunehmenden Mediatisierung nacheifert und als Substitution von Sportvereinen oder anderen traditionellen Gemeinschaftsmodellen erkannt werden kann.[233]

Untersuchungen haben dabei gezeigt, dass vor allem langfristig ausgelegte Spielverbindungen und Clans eine besondere soziale Einbettung genießen. Mit der zunehmenden Dauer der Teilnahme und deren Intensität öffnen sich die Spieler ihren Mitspielern gegenüber zunehmend. So ändern sich auch die

---

[232] Vgl.: WIMMER, Jeffrey (2013), Seite 68.
[233] Vgl.: WIMMER, Jeffrey (2013), Seite 68.

Kommunikationsinhalte und weisen dann stetig mehr familiäre und private Merkmale auf. [234]
Selbst wenn sich eine Gruppe von Computerspielern so aufteilt, dass nicht alle Teilnehmer von vorneherein spielen sondern beispielsweise zwei aktiv spielen, während der Rest als Zuschauer fungiert und man sich in der Nutzung abwechselt, wirken sich Computerspiele zumeist positiv auf die Sozialisation aus und stärkt das Gemeinschaftsgefühl.[235]
Aufgrund des Suchtpotenzials von Computerspielen passen die Nutzer viele Strukturen ihres täglichen Lebens an die Erfordernisse des Spiels an. Dabei kommt es oftmals sogar zu einer ständigen Erreichbarkeit durch Smartphones oder das Internet, wodurch der Nutzer stetig im Spiel involviert ist. Entsprechend sinkt die Teilhabe an der realen Umgebung wodurch eine zunehmende Abgrenzung zu Freunden oder zur Familie nicht ausgeschlossen werden kann. Um diese Problematik abzuschwächen greifen vor allem bei Kindern und Jugendlichen einige Instrumente wie entsprechende Freigabenhemmnisse bei verschiedenen Altersstufen. [236]
Abschließend lässt sich zusammenfassen, dass Computerspielen nur bei einer exzessiven Nutzung im Konflikt zu einer angemessenen Sozialisation mit der Umwelt steht. Im Gegenzug bieten Vereinigungen wie Clans die Möglichkeit sich umgreifenden und sogar weltweit vernetzen Gemeinschaften anzuschließen und hier langfristig von sozialen Umfeldern zu profitieren.

---

[234] Vgl.: WIMMER, Jeffrey (2013), Seite 68.
[235] Vgl.: GANGUIN, Sonja (2010), Seite 168.
[236] Vgl.: GANGUIN, Sonja (2010), Seite 168.

4.3.3 Kommunikative Auswirkungen

Die innerhalb des Spiels durchlebten Erfahrungen der Nutzer ereignen sich auf einer rein symbolischen Ebene, da der Spieler diese lediglich durch den Avatar vollziehen kann. Selbst die Kommunikation mit anderen Spielern (beispielsweise in Onlinespielen wie *World of Warcraft*) ist medienvermittelt und weist somit differenzierte Strukturen auf wie eine direkte und medienunabhängige Kommunikation.[237]

Der Computer fungiert dabei lediglich als zwischengeschaltetes Kommunikationsmedium einer Mensch-zu-Mensch-Interaktion. Er kann allerdings aufgrund bestimmter Vorgaben (z.B. Zensur bestimmter Wörter und Ausdrucksweisen) die Kommunikation nur auf der Grundlage verschiedener Regeln und Vorgaben zulassen und entsprechend einschränkend wirken.[238]

In der Vergangenheit wurde der Umstand untersucht, inwieweit eine möglichst realitätsnahe Darstellung der virtuellen Welt innerhalb des Spiels die Kommunikationswege beeinflussen kann. Dazu wurden Effekte von grafisch sehr weit ausgebildeten Spielen untersucht, bei denen die Kommunikationswege und -möglichkeiten ebenfalls sehr umfassend im Spiel integriert wurden. Hier konnte nachgewiesen werden, dass *„die Spielewelten grafisch gar nicht perfekt bzw. realisitisch anmuten müssen, um diesen Reiz auszuüben* (Anm.: Reiz zur Kommunikation), *sondern es vielmehr auf das interaktive Gameplay ankommt.“*[239]

Als Beispiel kann man hierbei auf das Spiel *Minecraft* verweisen, welches grafisch enorm unausgereift ist und bei dem man virtuelle Blöcke aufbauen und entfernen kann, um so eine entsprechende Spielewelt zu designen. Obwohl dieser Titel weitestgehend als Singleplayer aufgebaut ist und nur eingeschränkte

---

[237] Vgl.: WIMMER, Jeffrey (2013), Seite 62
[238] Vgl.: GANGUIN, Sonja (2010), Seite 168.
[239] WIMMER, Jeffrey (2013), Seite 62

Bereiche online auch als Multiplayer zu nutzen sind, werden viele Kommunikationswege genutzt. Hierzu zählen neben Foren und Zeitschriften auch Chats und Livegespräche innerhalb des Spiels. An diesem Beispiel wird deutlich, dass Computerspiele, so lange die traditionelle Kommunikation als Basis weiterhin genutzt wird, durch ihre motivierenden Effekte neue Optionen für ergänzende, erweiternde oder substituierende Kommunikationswege bieten. Vor allem vor dem Hintergrund einer stetig zunehmenden Kommunikation über Medien wie Handy (z.b. telefonieren) oder Textnachrichten (z.b. Whatsapp) können Computerspiele eine zielorientierte Förderung der individuellen Kompetenzen im sozialkommunikativen positiv Bereich beeinflussen. Hier fördern sie nicht nur technische Kompetenzen zur Nutzung sondern wirken gleichwohl durch ihre themenabhängigen Kommunikationsgründe auf eine sensibilisierte und zielorientierte Kommunikation ein. [240] Einschränkend ist allerdings darauf hinzuweisen, dass diese Effekte durch eine exzessive Nutzung von Computerspielen eingeschränkt werden können. Gerade eine suchtbetriebene Nutzung mildert die Auswirkungen nicht nur ab, sondern verschlechtert die Kommunikationsfähigkeiten bisweilen nachhaltig. Hier ist der Grat zwischen einer sich stetig mediatisierenden Umwelt und einer zu exzessiven Nutzung ebendieser entsprechend Schmal. [241] Neben sozial-kommunikativen Kompetenzeffekten lässt sich auch darstellen, dass sich durch die Computerspielnutzung auch der Fokus der Gesprächsinhalte verschiebt. Zum einen ist demnach zu beobachten, dass Spielinhalte natürlich stetig ins Zentrum gezogen werden und dabei über Spieltitel oder spielinterne Erfolge debattiert wird. Dabei ist zusätzlich ein verstärkter Hang auf analytischer Ebene zu verzeichnen, der Strategien, Vorgehensweisen oder Problemlösungsstrategien beleuchtet. Thomas und Krotz stellen dar, dass sich Computerspieler dabei immer öfter in eine

---

[240] Vgl.: WIMMER, Jeffrey (2013), Seite 62.
[241] Vgl.: WIMMER, Jeffrey (2013), Seite 62.

Metaebene begeben, die Zusammenhänge beleuchtet, den Erfahrungsaustausch verstärkt und diese Zusammenhänge auch auf Alltagssituationen übertragen werden können. [242]
Hier werden zumeist optimale Lösungsmöglichkeiten gesucht, weshalb die Kommunikationspartner Vor- und Nachteile ihrer Erfahrungen und Handlungsoptionen austauschen und zielorientiert diskutieren. Dabei schulen sie so nicht nur ihre Argumentationstechniken sondern erweitern ihre kommunikativen Kompetenzen dahingehend, auf den Gesprächspartner eingehend eigene Meinungen zu vertreten, zu fundieren und zu verwerfen.

---

[242] Vgl.: WIMMER, Jeffrey (2013), Seite 88.

4.3.4 Auswirkungen auf Empathie

Wie bereits dargestellt, sensibilisiert der Spieler nur kaum sein empathisches Verhältnis zu dem Spielgeschehen oder den Handlungen welche er vollzieht. Es kommt in der Regel nicht zu echter oder anhaltender Trauer, wenn eine Spielsequenz nicht erfolgreich beendet werden kann oder ein Problem unüberwindbar scheint. Selbst die zuweilen enge Verbindung zwischen Nutzer und virtuellem Stellvertreter basiert auf keiner allzu tiefgehenden emotionalen Verflechtung, was allerdings weitestgehend auf die Möglichkeit zurückzuführen ist, dass sich der Spieler an den Herausforderungen stets aufs Neue messen kann. Scheitert seine Spielfigur kommt er zumeist ohne bedeutenden Aufwand wieder zurück an den Ausgangspunkt. [243]

Allerdings konnte festgestellt werden, dass einige Spieler verschiedene Spielsituationen durchaus auf ihre Alltagswelt und soziale Umgebung herunterbrechen können. Dabei empfinden sie in erster Linie ihre eigene Situation nach, wenn es darum geht Entscheidungen zu treffen und diese zu begründen. Interessanterweise kann diese Empfindung dann auch einfacher auf außenstehende Personen bezogen werden, wodurch deren Entscheidungen nachvollziehbar werden. So können sich Spieler zuweilen besser in andere Personen hineinversetzen wenn es darum geht Einflussfaktoren nachzuvollziehen und Handlungsalternativen abzugrenzen. [244]

Dennoch kommt es zu einer entsprechenden Sensibilisierung nur selten. Der beschriebene Effekt trifft zumeist nur auf Spieler zu, welche sehr häufig zu Computerspielen greifen oder welche sich sehr intensiv auf die virtuelle Welt einlassen können. Dabei bieten moderne Computerspiele einen Rahmen, der durchaus ein hohes Potenzial für die Förderlichkeit von Empathie und Mitgefühl

---

[243] Vgl.: HÜTHER, Jürgen; SCHORB, Bernd (2010), Seite 64 ff.
[244] Vgl.: ROSENSTINGL, Herbert; MITGUTSCH, Konstantin (2009), Seite 150

bereithält. Durch viele Details in der grafischen Aufbereitung und der Darstellung der Charaktere wird die virtuelle Umwelt des Spiels sehr greifbar und nähert sich der Realität zunehmend an. Die Spielfiguren erhalten tiefgreifende Eigenschaften, Eigenheiten und präferieren verschiedene Vorgehensweisen und Handlungen. So können beispielsweise Spielsituationen in denen historische Ereignisse dargestellt werden, wie etwa in Kriegssituationen, deutlich realistischer und näher nachempfunden werden als es beispielsweise im Schulunterricht erfolgen könnte. So wäre also durchaus eine Basis geschaffen, auf der nicht nur Entscheidungen nachempfunden werden können, sondern vor allem auch Mitgefühl für die Protagonisten aufgebaut werden könnte. Zu deren Umsetzung fehlt allerdings zumeist eine didaktische und pädagogische Aufbereitung der Spielsituation in der entsprechende empathische Kompetenzen aufgebaut, hinterfragt und somit gefestigt werden können.[245]

---

[245] Vgl.: ROSENSTINGL, Herbert; MITGUTSCH, Konstantin (2009), Seite 131

4.3.5 Aggressionsproblematik

Computerspiele werden oftmals synonym für ein zunehmendes Maß an Aggressivität gesehen, welches durch ihre Nutzung verstärkt wird. Dabei ist diese scheinbar neue Problematik historisch gewachsen und lässt sich sogar bis in das 17. Jahrhundert zurückführen als es erste Untersuchungen dahingehend gab, wie Einflüsse der Medien Gewalt und Aggressionen schüren und verstärken.[246]
Zurückführen lässt sich dies im Allgemeinen auf die Anziehungskraft, die von Gewalt und deren Darstellung ausgeht und seit jeher einen Großteil der Menschen in den Bann zieht. Was früher Zeitungsberichte und möglicherweise Fotografien umschloss, lässt sich dabei heute in Fernsehen, im Internet und natürlich auch in Computerspielen wiederfinden. Dabei hat die Qualität der Darstellungen zweifelsfrei zugenommen und ist gerade in Bezugnahme auf Computerspiele realistischer und detaillierter denn je.[247]
So werden besondere Schlüsselereignisse wie beispielsweise Amokläufe die von Jugendlichen verübt werden, immer wieder unter dem Fokus einer möglicherweise zu exzessiven Computerspielnutzung betrachtet. So wird auch regelmäßig in der Politik der Ruf nach einem Verbot von sogenannten „Ballerspielen" laut, die Einschränkung von zu gewaltverherrlichenden Spielinhalten wird gefordert und die Verwahrlosung durch Computerspiele wird zu einem heiß diskutierten Thema.[248] Inwieweit die Nutzung von Computerspielen dabei tatsächlich kausal zu besonderer Gewaltbereitschaft steht, bleibt oftmals jedoch ohne Betrachtung. Man geht fraglos davon aus, dass sie einen deutlich größeren

---

[246] Vgl.: WIMMER, Jeffrey (2013), Seite 88.
[247] Vgl.: WIMMER, Jeffrey (2013), Seite 88.
[248] Vgl.: WIMMER, Jeffrey (2013), Seite 88.

negativen Effekt aufweisen als andere gewaltverherrlichende Medien.[249]

Bevor man sich auf eine solche Analyse einlässt ist zunächst zu betrachten, dass eine einzelne Zuschreibung von expliziten Inhalten auf bestimmte Verhaltensweisen nur schwierig umzusetzen ist und allgemeingültig kaum funktional umsetzbar ist. Um diese Problematik zu umgehen ist es notwendig, eine Unterteilung von drei Teilbereichen vorzunehmen, die sich auf die Spielegewalt, den Transferprozess und verschiedene Kontextfaktoren beläuft und im Folgenden näher betrachtet werden soll.

Zunächst ist hierbei abzugrenzen, wann man von Gewalt in Computerspielen spricht und wann nicht. Zweifelsohne lassen sich sogenannte Ego-Shooter in den Bereich gewaltdarstellender Spieler einordnen. Doch auch beispielsweise ein recht harmlos erscheinendes Spiel wie *Moorhuhn*, bei dem man simulierende Schussszenarien durchläuft, weshalb das Spiel durchaus als First-Person-Shooter bezeichnet werden kann, zeigen Gewalt. Zudem kommen besonders beliebte Spiele und Spielserien kaum noch ohne ein entsprechendes Mindestmaß an Gewalt aus. So geht man davon aus, dass heute mehr als die Hälfte aller Computerspiele entsprechende Darstellungen von Gewalt und Aggressivität aufweisen.[250]

Von Gewalt selbst spricht man im Übrigen stets dann, wenn eine gewalttätige Szenerie offenbart wird und die Spielfiguren schießen, leiden, bluten, sterben, schlagen oder aggressiv streiten. Als Abbild oder Vorbild sind Computerspiele demnach alleine bereits daher als problematisch anzusehen, da sie ein Gesellschaftliche Normen und Werte wiederspiegeln oder beeinflussen können. [251]

Beim Spielen selbst durchlaufen die Nutzer einen gewissen Transferprozess, bei dem, wie bereits dargestellt, die Grenzen zwischen Realität und Virtualität oftmals fließend sind. Dabei nehmen die

---

[249] Vgl.: WIMMER, Jeffrey (2013), Seite 89.
[250] Vgl.: WIMMER, Jeffrey (2013), Seite 89.
[251] Vgl.: WIMMER, Jeffrey (2013), Seite 90.

Spieler Sinneseindrücke aus dem Spiel auf, beschäftigen sich mit den vorgegebenen Situationen und versuchen Problemstellungen zu bewältigen. Ob sie dabei verhaltenswirksam beeinflusst werden hängt allerdings von den individuellen Rahmenkompetenzen des Spielers sowie seiner Identifikation mit der Spielsituation ab. Demnach konnte man bereits nachweisen, dass Nutzer nach dem Spielen oftmals eine innere Erregung aufweisen und diese durch ein gesteigert aggressives Verhalten nach außen zeigen können. Diese Effekte sind allerdings lediglich kurzzeitig beobachtbar und ebben mittelfristig wieder ab.[252] Die Rahmenkompetenzen eines jeden Spielers verhindert, dass aggressive Handlungen innerhalb des Spiels auf Alltagssituationen transferiert werden. Je höher die Rahmenkompetenz dabei ist, desto geringer ist der Einfluss der Spiele mit Gewaltpotenzial auf die realen Handlungen des Nutzers. Dabei ist zu differenzieren, dass ihr nur tatsächliche Handlungen unterliegen. Demnach ist es durchaus möglich, dass ein durch das Spiel gesteigertes gewaltbereites Denken vorherrschen kann, dieses allerdings nicht ausgelebt wird. So berichten Spieler von Shootern oftmals von einem mentalen Transfer, also Denkweisen die zwar ein aggressiven Grundpotenzial beinhalten, dieses jedoch in voller Absicht für das Opfer folgenlos bleibt. Hierbei scheint der Wunsch nach tatsächlicher Gewalt bereits vollkommen ausreichend um entsprechende Situationen ohne Gewalt zu lösen.[253]

Hier wird somit die Frage nach den entsprechenden Kontextfaktoren unvermeidlich, also denjenigen Faktoren die eine Wirkungsweise von Computerspielen auf persönliches Verhalten beschreiben. Vor allem die Zuwendungsmotive der Spieler stehen hierbei im Fokus der Betrachtung. Man kann darstellen, dass bereits Kinder und Jugendliche vornehmlich Spiele präferieren, die Ihren aktuellen Bedürfnissen Rechenschaft tragen können, wodurch

---

[252] Vgl.: WIMMER, Jeffrey (2013), Seite 91.
[253] Vgl.: WITTING, Tanja (2007),Seite 143.

beispielsweise Jugendliche in seelisch gefestigten Situationen deutlich weniger gewaltbeinhaltende Spiele nutzen. Weiterhin ist ebenfalls die Integration der Spiele in den Alltag von Bedeutung, weshalb Faktoren der Uhrzeit, des Tagesrhythmus oder der Nahrungsversorgung durchaus an Bedeutung gewinnen.[254]
Viele Kritiker sehen das Töten und Kriegssimulationen in Computerspielen sehr bedenklich und präferieren daher die Nutzung traditioneller Spielformen wie bei Gesellschaftsspielen. Dabei unterschätzen sie oftmals, dass gerade hier ganz ähnliche Spielsituationen aufgegriffen werden. In dem Brettspiel *Risiko* geht es beispielsweise darum, seine Armee oder sein Volk durch Kriege zu verbreiten und die gegnerischen Völker zu besiegen, ohne dass es hierfür eine entsprechende Erklärung gibt, warum die Ausbreitung der eigenen Armee notwendig ist. Zudem zeigen Untersuchungen, dass gerade jüngere Spieler von Kriegssimulationen oftmals ein sehr sensibles Bild ihrer Handlungen wahrnehmen. Danach sehen sie in den Gegnern keine Menschen sondern „Pixel" und töten lediglich um ihre Spielfigur im Spiel zu halten. [255]
Final lässt sich also darstellen, dass die Gewaltwirkung von Computerspielen sehr individuell einzuschätzen ist und auf der Grundlage vieler Faktoren variiert. Neben den persönlichen Eigenschaften, der seelischen Gefühlslage und sozialen Verankerung spielen weiterhin Fragen der Integration des Spiels in den Alltag eine Rolle. Da Computerspielen zudem Bedürfnisse, Interessen und Konflikte innewohnen die von unterschiedlicher gesellschaftlicher und individueller Bedeutung sind, wird eine allgemeine Aussage zu dieser Problematik zusätzlich erschwert. [256]
Abgesehen von einem Fazit zu einer Erhöhung des kurzfristigen Gewaltpotenzials unmittelbar nach dem Spielen aggressiver Spielvarianten, können langfristige Einschätzung zu

---

[254] Vgl.: WIMMER, Jeffrey (2013), Seite 91.
[255] Vgl.: GEBEL, Christa (2006), Seite 180.
[256] Vgl.: WIMMER, Jeffrey (2013), Seite 93.

Einwirkungen auf Gewalt und Aggression nur individuell getroffen werden.[257]

Letztlich bleibt anzumerken, dass es durch Computerspielen wohl weniger zu einem erhöhten Aggressionspotenzial kommt. Die Nutzer erlernen viel mehr durch den Umgang in stressigen Situationen, in denen ihr virtueller Stellvertreter Gewalt und Aggression ausgesetzt ist, die Ruhe zu bewahren und zudem ziel- und lösungsorientierte Handlungswege zu finden und diese umzusetzen. Durch die beschriebenen Transferkanäle können diese Kompetenzen dann in den Alltag integriert werden und hier entsprechend Anwendung finden.

---

[257] Vgl.: WIMMER, Jeffrey (2013), Seite 92.

4.3.6 Computerspielsucht

Seit der zunehmenden Beliebtheit von Computerspielen steht neben der befürchteten Aggression die Problematik der Computerspielsucht im Fokus vielfältiger Befürchtungen. Dabei ist tatsächlich oftmals zu beobachten, dass vor allem Jugendliche Spieler plötzlich zunehmend Zeit mit ihren Spielen verbringen, Schule und Ausbildung vernachlässigen und sich von ihrem Freundeskreis und der Familie zurückziehen. Und umso mehr sich Eltern, Lehrer und Freunde darum bemühen darzustellen, dass diese Abschottung große Nachteile beinhaltet und sich die sogenannten Vielspieler wieder mehr dem Alltag zuwenden sollen, desto schneller schreitet die Abschottung voran.[258]

Dies lässt sich dadurch erklären, dass viele Spieler in der übertriebenen Nutzung einen Ausweg oder eine Ablenkung aus dem oftmals schwierigen Alltag suchen. Es sind Situationen die überfordern, stetige Rückschläge und weitere Negativerlebnisse, die Computerspielen verstärken. Die Spiele selbst bieten aufgrund ihres schnellen Zugangs und insbesondere in den schnell und ohne Risiko zu generierenden Erfolgen einen dankbaren Zufluchtsort um aus den Problemen des realen Lebens zumindest phasenweise zu fliehen. [259]

Rosenstingl stellt heraus, dass es bei dieser übermäßigen Nutzung –in extremen Fällen werden Spiele täglich bis zu 12 Stunden und länger gespielt- jedoch im Regelfall nicht zu einer tatsächlichen Sucht kommt, auch wenn dieses Verhalten nichtsdestotrotz ernst genommen werden muss und Wege gefunden werden müssen, diese Nutzung einzuschränken. Um diese Aussagen zu verifizieren beschreibt er, dass als Sucht ein *krankhaftes Verlangen im Sinne von Abhängigkeiten* zu definieren sei. In der modernen Medizin wird der Suchtbegriff in zwei unterschiedlichen Symptombildern

---

[258] Vgl.: ROSENSTINGL, Herbert; MITGUTSCH, Konstantin (2009), Seite 91
[259] Vgl.: ROSENSTINGL, Herbert; MITGUTSCH, Konstantin (2009), Seite 91

verwendet und beschreibt zum einen eine substanzgebundene Abhängigkeit wie es bei Drogen- oder Alkoholsucht zu beobachten ist. Substanzungebundene Abhängigkeiten wie Fitnesssucht oder Kaufsucht beinhalten auch Computerspielsucht, die allerdings 2007 von der APA (*American Psychiatric Association*) als explizite Suchtkrankheit und psychische Störung nicht anerkannt wurde. Dennoch wird landläufig in der Regel von Computerspielsucht gesprochen, wenn eine übermäßige Nutzung thematisiert wird.[260]

Fachkreise konnten sich auf sieben Problemkreise einigen, die eine übertriebene Nutzung von Computerspielen, beziehungsweise ein krankhaft stark ausgeprägtes Spielen, beschreiben und abgrenzen.

(1) Häufiges Verlangen nach Spielen welchem zwangsläufig nachgegeben werden muss.

(2) Lange Spielzeiten mit einhergehendem anfänglich schlechten Gewissen den Alltag zu vernachlässigen.

(3) Vernachlässigung des sozialen Umfelds.

(4) Die Arbeitsfähigkeit oder schulische Lernfähigkeit und entsprechende Erfolge lassen erkennbar und schnell nach.

(5) Das Konsumverhalten wird verheimlicht oder in der Wertigkeit heruntergespielt.

(6) Es ist eine enorme Reizbarkeit zu beobachten, die vor allem dann auftritt, wenn das Spielen eingeschränkt werden muss.

(7) Es sind mehrfache fehlgeschlagene Versuche unternommen worden, das Spielen einzuschränken. [261]

Diese Ansätze bedürfen dabei einer genaueren und expliziten Beschreibung in den individuellen Einzelfällen und benötigen einer weiteren allgemeinen Abgrenzung. Dennoch geben sie eine erste

---

[260] Vgl.: ROSENSTINGL, Herbert; MITGUTSCH, Konstantin (2009), Seite 92
[261] Vgl.: ROSENSTINGL, Herbert; MITGUTSCH, Konstantin (2009), Seite 94

vergleichbar klare Richtlinie wann und ob es zu einer ungesunden und übertriebenen Computerspielnutzung kommt. Explizit wird ein entsprechendes Krankheitsbild verstärkt, da Computerspiele Spaß vermitteln und dieser auf verschiedenen Ebenen ansetzt. Dabei ist es zu beobachten, dass Spieler aus Gründen wie Langeweile den Einstieg in die Spielwelt finden und dabei Spaß und Freude empfunden haben. So kommen sie in die virtuelle Welt zurück und dies umso häufiger je mehr Spaß sie dabei empfinden. Dieser Effekt wird verstärkt wenn den Nutzern entsprechend Spaß und Lebensfreude in der Alltagswelt versagt bleibt. [262]

Zudem kommt es bei den Spielern oftmals zu Erfolgen, die im Berufsleben oder im Schulalltag nur sehr schwer zu erlangen sind. Somit stehen Computerspiele als angenehme und positive Alternative, in denen man schnell zum Gewinner erkoren wird. Gesellschaftliche Rückmeldungen auf Versagen oder nicht erfolgreiche Handlungen bleibt dabei aus. Nach einer Studie der Fachhochschule Köln *„geht es beim Computerspielen primär um den Spielerfolg, der untrennbar mit Kontrolle und Leistung verbunden ist (...). Der Computer soll die eigene Leistungsfähigkeit bestätigen und dadurch dem Spieler gute Gefühle schaffen."* [263]

Weiterhin kommt es zu einem Gefühl der Kontrolle und der Macht wenn ein Spieler innerhalb der verschiedenen Situationen und Spielgeschehen als dominierender Faktor agiert. Dies steht im positiven Gegensatz zu der *Ohnmacht des Alltags*, der viele Spieler in ihrem beruflichen und schulischen Leben ausgesetzt sind. Dies geschieht weiterhin auf der Basis absoluter Fairness; entsprechende Leistungen werden durch Erfolg belohnt, es herrscht in der Regel eine vollständige Transparenz über die zu erwartenden Herausforderungen und Ziele und jeder Spieler hat unabhängig

---

[262] Vgl.: ROSENSTINGL, Herbert; MITGUTSCH, Konstantin (2009), Seite 96
[263] ROSENSTINGL, Herbert; MITGUTSCH, Konstantin (2009), Seite 97.

seines gesellschaftlichen und kulturellen Status die gleichen Voraussetzungen erfolgreich zu sein.[264]

Außerdem vermitteln Spiele durch den einhergehenden Spaß während der Nutzung das Gefühl, notwendige Freiräume aus der Wirklichkeit zu schaffen und Probleme des Lebens vorübergehend vergessen zu lassen.[265]

Insgesamt lässt sich somit darstellen, dass die Problematik einer krankhaft hohen Computerspielnutzung ihre Ursprünge in der Regel in der Realität und in Alltagssituationen findet. Auch wenn dieser Zusammenhang nicht als Sucht anerkannt ist, sind hier enorme Schwierigkeiten und negative Auswirkungen auf den Alltag zu erwarten. Um ein gesundes Maß der Computerspielnutzung zu erreichen gilt es demnach alltägliche Probleme zu bewältigen um sich somit in der Realität wieder wohl zu fühlen und an der Gesellschaft teilnehmen zu können.

---

[264] Vgl.: ROSENSTINGL, Herbert; MITGUTSCH, Konstantin (2009), Seite 98.
[265] Vgl.: ROSENSTINGL, Herbert; MITGUTSCH, Konstantin (2009), Seite 99.

4.4 Kompetenzförderliche Eigenschaften von Computerspielen

Doch wann genau, wirkt sich Computerspielen positiv auf die Entwicklung der individuellen Kompetenzen aus? Gebel stellt dazu fest, dass hierbei verschiedenen Spielelementen eine besondere Bedeutung zukommt. So beschreibt sie, dass der Adaptivität eines Spiels eine besondere Bedeutung zukommt und dieser für einen möglichen Kompetenzerwerb eine wichtige Rolle zuzuschreiben ist. Demnach ist es vor allem bei Spielen in denen es um Entwicklungen von beispielsweise Charakteren oder Spielsituationen geht, von besonderer Bedeutung, dass der Nutzer eine für sich passende Spielstärke des virtuellen Computergegners auswählen und diese auch innerhalb des Spiels noch anpassen kann. [266]

Zudem ist das Motivationspotenzial des Spiels ein zentraler Aspekt in der komptenzförderlichen Orientierung. Faktoren wie Spielgestaltung der grafischen Aufbereitung, die Verständlichkeit der Handlung oder die Möglichkeiten des aktiven Gestaltens des Spielgeschehens erhöhen den Spielspaß und einhergehend die Motivation. Diese wiederum ist, wie bereits diskutiert, ein wichtiges Element in Bezugnahme auf Lernerfolge und Kompetenzerwerb. [267]

Die Orientierung an Werten und Normen der Gesellschaft kann den Kompetenzerwerb ebenfalls beeinflussen und dabei vor allem negativ beeinflussen, wenn vereinbarte soziale und kulturelle Richtlinien nicht berücksichtigt werden. Spiele, die beispielsweise Verachtung der Menschenwürde aufzeigen oder die Gleichstellung der Geschlechter hinterfragen wirken nachweislich besonders bei weiblichen Spielern kontraproduktiv und erschweren einen entsprechenden Kompetenzaufbau.[268]

---

[266] Vgl.: GEBEL, Christa (2006), Seite 154.
[267] Vgl.: GEBEL, Christa (2006), Seite 154.
[268] Vgl.: GEBEL, Christa (2006), Seite 154.

Ebenso ist das Anforderungsprofil eines Computerspiels besonders wichtig. Dabei geht es darum, wie viele Kompetenz- oder Leistungsmerkmale des Nutzers angesprochen werden und auf welchen Wegen dies geschieht. Leistungsmerkmale beschreiben hierbei die Kognition, Sozialisation, Wahrnehmung, Koordination, Sensomotorik oder Koordination des Nutzers. Dabei gilt, umso breiter das Anforderungsfeld aufgestellt ist, desto erfolgreicher verläuft der mögliche Kompetenzerwerb. [269]

Weiterhin sind die Problemfelder innerhalb des Spiels ein im Fokus der Kompetenzentwicklung zentraler Aspekt. So müssen sowohl die Anzahl der Problemstellung, deren intellektuelle Anforderung, die Nähe zum Spiel sowie deren Lösungsstruktur betrachtet werden. [270]

Die emotionale Verbundenheit und der didaktischen Aufbereitung, also der Transparenz von Spielregeln und des Spielstatus sind, wie vorab bereits dargestellt, eine wichtige Basis um erfolgreich am Spiel teilzunehmen und einem Kompetenzerwerb deshalb förderlich.[271]

Gebel untersucht weiterhin, inwieweit die vorab angesprochenen einen Kompetenzerwerb unterstützenden Faktoren in der Realität tatsächlich umgesetzt werden. Dabei führt sie ein breites Spektrum unterschiedlicher Spieletypen deren Auswahl durchaus als repräsentativ bezeichnet werden kann. So stellt sie fest, dass die Förderung ethnisch-normativer Werte in den meisten Spielen nicht genutzt wird. Viele Spiele legen dabei keinen besonderen Wert auf die Herausstellung entsprechender Merkmale in einzelnen Spielsituationen während einige weitere Handlungen gesellschaftliche Normen sogar überschreiben (z.B. in *GTA*, wo man für das Töten von Menschen Punkte erhält). Viele Spiele fördern hingegen kognitive und persönlichkeitsbezogene Kompetenzen. Als

---

[269] Vgl.: GEBEL, Christa (2006), Seite 154.
[270] Vgl.: GEBEL, Christa (2006), Seite 154.
[271] Vgl.: GEBEL, Christa (2006), Seite 154.

besonders gelungene Spiele gelten hierbei unter anderem die Serie *Die Sims* bei denen der Nutzer einer virtuellen Gemeinschaft Häuser und Gebäude errichtet und dabei beispielsweise sein räumliches Denkvermögen stärkt. Tatsächlich weisen Strategiespiele im Allgemeinen ein hohes Potenzial an Förderung medialer Kompetenzen auf. Dabei geht es oftmals auch um den adäquaten Einsatz der Menüführung und der Steuerung des Spiels insgesamt. Aufmerksamkeit und Sensomotorik werden bei den gängigen Sportsimulationen wie den Fußballreihen *Fifa* und *Pro Evolution Soccer* in besonderer Weise gestärkt. Indes zeigen nur wenige Spiele durch ein hohes Maß an Involvement eine Erhöhung der emotionalen Selbstkontrolle und der einhergehenden Förderung persönlichkeitsbezogener Kompetenzen. [272]

Wie dargestellt beeinflussen Computerspiele ihre Nutzer in vielen Bereichen. Gerade Kinder und Jugendliche zeigen dabei eine vergleichsweise hohe Anfälligkeit, ihr Verhalten auf der Grundlage der Geschehnisse innerhalb der Spiele anzupassen. Um diese Wirkung möglichst positiv zu nutzen wird daher oftmals gefordert, Spiele den Entwicklungs- und Erziehungszielen von Kindern und Jugendlichen anzupassen. Weiterhin sollten die Inhalte der Spiele nicht gegen Werte und Normen der Gesellschaft verstoßen und Gewalt nicht verherrlichen. [273]

---

[272] Vgl.: GEBEL, Christa (2006), Seite 158.
[273] Vgl.: RING, Wolf-Dieter (2010), Seite 40.

4.4.1 Eltern als Einflussnehmer auf Effekte der Computerspielnutzung

Vor allem vor dem Hintergrund der Erziehung können Eltern einen bedeutenden Einfluss auf die Nutzung von Computerspielen ihrer Kinder ausüben. Dabei stehen die Interessen der Kinder und der Eltern oftmals im Konflikt zueinander. Während die Kinder sich in der virtuellen Welt austoben wollen, entsprechende Charaktere entwickeln und ihren Spielspaß im Allgemeinen forcieren, sehen Eltern oftmals vielmehr die Gewaltverherrlichung, das Aggressionspotenzial und die Gefahr einer sozialen Abkapselung.[274] Dabei reagieren Eltern zuweilen unverhältnismäßig und sehen Computerspiele und den Medienkonsum allgemein vielerorts zu kritisch. Kohring und Miller plädieren daher darauf, die pädagogische Beurteilung der Spiele, des Spielverhaltens und der Motivationsaspekte durch die Eltern zu schulen und ihnen somit ein Instrument an die Hand zu geben, von denen sowohl sie als auch ihre Kinder profitieren können. Dabei schränken sie allerdings gleichwohl ein, dass solche Eltern, die eben genau diese Informationsgewinnung anstreben, aufgrund einer unglaublichen Dichte an Informationen kaum eine Chance haben, adäquate Informationen zu finden, um sich entsprechende Urteile zu bilden.[275] Interessierte Eltern stoßen daher in der Regel weder in Computerzeitschriften noch im Internet auf pädagogische Analysen von modernen Computerspielen, sondern sehen sich einer Informationsflut ausgesetzt, die von Grafik über Spielinhalte bis Systemvoraussetzungen aus erzieherischer Sicht irrelevante Faktoren beschreiben und lediglich die Konsumentenebene abdeckt. Das verunsichert in der Wahrung der Erziehungsaufgaben enorm und

---

[274] Vgl.: GANGUIN, Sonja (2010), Seite 168.
[275] Vgl.: GANGUIN, Sonja (2010), Seite 168.

verstärkt oftmals eine negative Einstellung gegenüber Computerspielen.[276]

Fritz und Fehr haben diese Problematik bereits 1997 aufgefasst und dargestellt, wie eine pädagogisch sinnvolle Bewertung von Computerspielen für Eltern aussehen kann. Demnach ist es in diesem Zusammenhang nicht zielführend umfassende Analysen und Berichte der jeweiligen Spiele zu veröffentlichen, sondern vielmehr klare Ergebnisse mit kurzen Statements zu formulieren. Dabei sollte eine Beschreibung des jeweiligen Spiels (Inhalt, Ziel und Handlung) einer Spielbeurteilung aus pädagogischer Sicht vorangestellt sein. Weiterhin sollten ebenso Darstellungen zum aktuellen Jugend-, Daten- und Verbraucherschutz formuliert werden. Ansätze, die dies versuchen umzusetzen sind beispielsweise das Jugendschutzgesetz und der einhergehenden Unterhaltungssoftware Selbstkontrolle (USK), die eine altersbezogene Richtlinie für die Nutzung der gängigen Spiele ausgibt.[277]

Mit dem täglich zunehmenden Volumen an Computerspielen steigt jedoch die angesprochene Problematik einer angemessenen Übersicht über die gängigen Computerspiele stetig an. Daher erscheint es sinnvoll, dass Eltern, um sich ein entsprechendes Urteil bilden zu können, selbst mit den Spielen beschäftigen sollten, sich von ihren Kindern Handlungen und Motive des Spielens erklären lassen sollten um dann beurteilen zu können, inwieweit ein Computerspiel nutzvoll in der Erziehung eingesetzt werden kann. [278]

Bei dem Reglement der Nutzung von Computern, Konsolen und vor allem Computerspielen zeigt sich, dass sich Eltern in einem Zwiespalt befinden. Demnach bewerten sie es positiv, dass ihre Kinder bei Notfällen erreichbar sind und mit ihrem Handy Hilfe holen können oder dass sie durch die Nutzung moderner Medien den Umgang mit Computern erlernen. Insofern ist eine Absprache

---

[276] Vgl.: GANGUIN, Sonja (2010), Seite 168.
[277] Vgl.: GANGUIN, Sonja (2010), Seite 168.
[278] Vgl.: GANGUIN, Sonja (2010), Seite 168.

über die eingeschränkte oder zeitlich beschränkte Nutzung schwierig, da sie in Diskrepanz zu den beschriebenen Vorteilen steht.[279]

Weitere Ansätze wie ein geringerer Leistungsdruck, klare Vereinbarungen über die Nutzungszeit der Spiele oder Alternative Hobbys möglichst mit körperlicher Ertüchtigung sind in der Literatur oftmals verwendete Optionen um eine sinnvolle Strukturierung der Computerspielenutzung der Kinder durch die Eltern umzusetzen. [280]

---

[279] PM1/15 Absprachen zur Mediennutzung innerhalb der Familie – zum Thema Handy haben die wenigsten Eltern Regeln mit ihren Kindern ausgemacht, 2015

[280] Vgl.: GANGUIN, Sonja (2010), Seite 168.

4.4.2 Spieleentwickler als Einflussnehmer auf Effekte der Computerspielnutzung

Die Entwicklung von Spielen verläuft –abgesehen von Beispielen wie den *Serious Games*- nicht auf der Zielsetzung von Lern- und Therapiezwecken. Es sollen Spiele erschaffen werden, welche den Nutzern Spaß machen, dabei herausfordernd sind und aufgrund von der Spielidee, der Grafik und Steuerung bestechen. Erfolgreiche Lerneffekte, wie sie beispielsweise bei der Nutzung von Spielen wie *Tetris* zu erkennen sind, sind dabei zumeist eher ein Nebenprodukt und werden zufällig generiert.[281]

Auf dem amerikanisch gefärbten Markt der Computerspiele, der vornehmlich in Bereichen der Shooter und Kriegsspiele auch auf die US-amerikanische Historie zurückgreift, tendierten die früheren Spiele fast ausschließlich dazu den Kampf gegen Nazis im Bezug des 2. Weltkrieges oder gegen Vietnamesen im Bereich des Golfkrieges zu thematisieren. Heute kommt zudem der Kampf gegen Terroristen jeder Art hinzu. [282]

Die Entwicklung von Spielen beinhaltet heute noch zu wenige Ansätze die auf die Förderung alltagstauglicher Kompetenzeffekte abzielt. Geschichtliche Grundlagen wie bei den vorab beschriebenen Kriegsspielen sind, wenn sie überhaupt im Fokus stehen, nur kurzweilig erwähnte Ausgangspunkte und werden in der Tiefe kaum behandelt.

---

[281] Vgl.: GEBEL, Christa (2006), Seite 172.
[282] Vgl.: DOLLE-WEINKAUFF, Bernd; EWERS, Hans-Heino; JAEKEL, Regina (2007), Seite 149.

4.5 Anstöße zur Forschung

Auch wenn die Forschung in den Bereichen der Auswirkungen von Computerspielen in den vergangenen Jahren deutlich zugenommen hat, sind noch viele Ansätze und Aspekte in diesem Bereich offen. Vor allem in Bezug auf die Auswirkungen auf Computerspielen im erwachsenen Alter gibt es kaum Untersuchungen. Hier werden weder Auswirkungen auf die Kompetenzentwicklung noch auf Konsumverhalten der Nutzer weitreichend behandelt.[283]

Vor dem gewählten Themenschwerpunkt dieser Arbeit wurde deutlich, dass empirische Studien mit aussagekräftigen Thesen zur Entwicklung beruflicher Kompetenzen durch die Nutzung von Computerspielen in der Forschungspraxis noch keine Anwendung finden. Um genaue Auswirkungen einzelner Spiele, Genre oder Nutzerverhalten explizit darstellen zu können, bedarf es einer repräsentativ aufbereiteten Analyse von vielschichtigen Probanden und weitreichenden Schwerpunkten. Nur so können die bis dato lediglich theoretischen Aussagen praktisch verifiziert werden und daraus wiederum weitere Forschungsgegenstände gezogen werden. Dabei kann dann der Fokus auf explizite Wirkungsweisen einzelner Spielehandlungen gelegt werden oder eine Untersuchung erfolgen, wie langfristig generierte Kompetenzeffekte vorhalten.

Einen diesbezüglich weiteren sehr interessanten Ansatz liefert Gebel. In einer Untersuchung über allgemeine Auswirkungen von Computerspielen beschreibt er Ansätze nach denen die Wirkungsweise in Abhängigkeit zu sozialer Stellung und gesellschaftlichem Status variiert. Um diese Idee verifizieren oder ausschließen zu können bedarf es allerdings noch einer breit ausgelegten Studie.[284]

---

[283] Vgl.: GEBEL, Christa (2006), Seite 148.
[284] Vgl.: GEBEL, Christa (2006), Seite 160.

In der erwähnten Studie des *Münchner Instituts für Medienpädagogik* wurden Auswirkungen von Computerspielnutzungen in fünf Dimensionen der Kompetenzförderung unterteilt. Hier wird dargestellt, dass eine explizite Untersuchung jedes einzelnen Ansatzpunktes weiterhin notwendig sei, um vor allem das genaue Zusammenwirken der einzelnen Dimensionen darzustellen und weiterhin die Transfermöglichkeiten einzelner Ausgangssituationen zu beschreiben.[285]

---

[285] Vgl.: ROSENSTINGL, Herbert; MITGUTSCH, Konstantin (2009), Seite 146.

5. Zusammenfassung

Obwohl Computerspiele bereits seit den 1970er Jahren entwickelt werden hat die Attraktivität ihrer Nutzung nicht eingebüßt. Gegenteilig nutzen heute sogar mehr Menschen als jemals zuvor aktiv entsprechende Spiele und Plattformen wobei vor allem Rollenspiele mit einem gewissen Entwicklungscharakter des virtuellen Stellvertreters die beliebtesten Titel sind. Gleichzeitig ist in den vergangenen zehn Jahren die Anzahl jugendlicher Nutzer soweit gestiegen, dass heute bereits zwei Drittel der deutschen Jugendlichen mindestens eine eigene Spielkonsole besitzt und zusätzlich durch den Besitz von Smartphones oder Computern weitere Plattformen zur Nutzung einsetzen kann. Zwar nimmt die Nutzung mit zunehmendem Alter ab, jedoch steigt die Anzahl absoluter Nutzer gegenwärtig stetig an, da die nachrückenden Generationen deutlich häufiger zu entsprechenden Spielen greifen.

Das lange Zeit vorherrschende Argument, dass eine einheitliche Medienforschung und insbesondere eine Untersuchung der Wirkungsweise von Computerspielen aufgrund unterschiedlicher Kulturen und entsprechend differenzierter Auswirkung kritisierte, wurde durch die These der transmedialen Konvergenzkultur entkräftet. Auf dieser Basis können neue Ansätze flächendeckend untersucht werden und gesellschaftsübergreifend analysiert werden.

Von besonderer Bedeutung ist dabei das Transfermodell von Jürgen Fritz, welches darstellt, warum und wie Informationen die aus dem aktiven Umgang mit Computerspielen gewonnen werden, Anwendung in anderen oder spielunabhängigen Situation enthalten. Besonders vor dem Beispiel von Auto- und Rennsimulationen lässt sich daher abgrenzen, dass ein entsprechender Transfer komplexer wird, umso realitätsferner das Spiel aufgebaut ist. Hieran anschließend greift die Theorie der identischen Elemente, welche darstellt, dass ein vornehmlich problemlösender Transfer durch möglichst ähnliche Faktoren bereits gemeisterter Situationen beschleunigt wird. Doch um diese Kompetenzen innerhalb der Spiele aufbauen zu können, bedarf es oftmals verschiedener Hilfestellungen, die das zielorientierte Weiterspielen auch in sehr herausfordernden Situationen sicherstellt. Demnach müssen sich Spieler, wenn sie nicht mehr nur auf ihre Fähigkeiten und Versuch-und-Irrtum-Sequenzen zurückgreifen können, beispielsweise durch die Integration von zusätzlichen Informationen innerhalb des Spiels dazu befähigt werden, entsprechende Hinweise über das weitere Vorgehen sammeln zu können. Dies kann innerhalb des Spiels durch eingebaute Informationsmerkmale geschehen oder außerhalb des Spiels durch die Bereitstellung von Informationen in Foren oder Handbüchern realisiert werden.

Beim Spielen selbst bieten dann vor allem Simulationen ein besonderes Spektrum an Möglichkeiten um individuelle Kompetenzen aufzubauen. Hier kann durch eine zuweilen pädagogisch vorgenommene Abgrenzung verschiedener Lerninhalte der Fokus auf bestimmte Inhalte gelenkt werden, die einen Aufbau von Fähigkeiten und Fertigkeiten forcieren, ohne gleichzeitig die Realitätsnähe zu verlieren.

Aber auch in der Struktur einfache Spiele bieten durch eine zentralisierte Fokussierung bestimmter Spielinhalte die Möglichkeit expliziten Lernfortschrittes. Am Beispiel Tetris konnte nachgewiesen werden, dass sich dessen Nutzer langfristig in den Bereichen räumlichen Sehens und geometrischen Strukturierens langfristige Verbesserungen einstellen konnten. Ähnliches gilt im Übrigen auch für andere Kompetenzen wie das Problemlösen, welches bei jugendlichen Computerspielen in der Regel nachweislich ausgeprägter ist.

Entgegen der landläufigen Befürchtungen ist weiterhin nachgewiesen, dass Spieler, die besonders häufig Titel nutzen in denen in hektischen Situation schnelle Entscheidungen und aggressives Vorgehen gefordert werden, im Alltag deutlich stressresistenter sind als Nichtspieler und gerade in beruflich hektischen Situation eher die Ruhe bewahren und fundierte Entscheidungen treffen können. Zudem kann man davon ausgehen, dass Computerspieler die in Clans und Gemeinschaften spielen, über ausgeprägte Kompetenzen verfügen Teamfähigkeit, Loyalität und Konzentration.

Auch vor dem Hintergrund sozialisationsbezogener Auswirkungen werden Computerspieler dazu befähigt zuweilen langfristige Beziehungen zu Mitspielern aufzubauen und in entsprechenden Gemeinschaften fundiert und nachhaltig voneinander zu profitieren. Dabei funktioniert die Kommunikation zwischen den Spielern zumeist nur durch Mithilfe technischer Zusatzmittel wie besonderer Software oder Chatfunktionen innerhalb der Spiele.

Dennoch steigen die so geformten Gemeinschaften und Clans in der gesellschaftlichen und vor allem individuellen Bedeutung ihrer Mitglieder deutlich in der Wertigkeit. Mit zunehmender Dauer und Teilhabe werden auch umfassendere Themen aus dem privaten Bereich forciert, wodurch die Kommunikation nicht mehr ausschließlich auf dem Schwerpunkt der Spiele selbst verläuft. Nur bei exzessiver Nutzung können die Einschränkungen der realen Sozialisation so einschneidend sein, dass zuweilen auch nachhaltig kommunikative Kompetenzen leiden.

Die Art und Häufigkeit der Kommunikation innerhalb des Spiels ist dabei abhängig vom Gameplay, also der Art der Steuerung, des Spielinhalts und der virtuellen Handlungen. Dabei bieten Computerspiele eine Vielzahl neuer Kommunikationswege, welche beispielsweise den traditionellen unterstützen und ergänzen können. Dabei verschiebt sich allerdings oftmals der Fokus der Gesprächsinhalte und beschränkt sich zumindest bei mittel- und kurzfristigen Gesprächspartnern eher auf das Spiel, dessen Inhalte, Merkmale und Steuerung.

Die Auswirkungen auf die Empathie der Spieler sind hingegen sehr differenziert zu betrachten. So werden weniger Fähigkeiten wie Mitgefühl vermittelt, als vielmehr das Verständnis,

141

Entscheidungen von anderen Personen aus deren Blickwinkel nachzuvollziehen.

Die Gefahr einer zunehmenden Aggression ausgehend von Computerspielen kann des weiteren nahezu sicher ausgeschlossen werden. So ist nachvollzogen, dass nur in einigen wenigen Fällen von Spielern mit einer besonders ausgiebigen Nutzung von Computerspielen in Verbindung mit verschiedenen Eigenschaften wie einer geringen sozialen Verankerung und einer seelischen Instabilität, ein merklicher Zuwachs an Aggressivität verzeichnet wurde. Die landläufig unter dem Namen Computerspielsucht bezeichnete krankhafte Nutzung von Computerspielen beschreibt eine der größten Probleme, die von dieser Materie ausgehen. Dabei erfüllt dieser Zusammenhang jedoch nicht den Tatbestand einer expliziten Suchtkrankheit im herkömmlichen Sinne. Vielmehr werden in der Regel persönliche Probleme zunehmend durch eine Ausflucht in virtuelle Welten kompensiert, wodurch im Ernstfall eine exorbitante Zunahme des Computerspielens verzeichnet werden kann. Dabei kann ein krankhaftes Spielen anhand von verschiedenen Faktoren abgegrenzt werden und umfasst demnach ein nahezu zwanghaftes Spielen in langen Perioden, welches mit einer starken Vernachlässigung des sozialen Umfelds und einer enormen Reizbarkeit einhergeht. Eine sehr bedenkliche Stufe ist dann erreicht, wenn sogar erste Versuche einer Einschränkung erfolglos blieben.

Nicht jedes Computerspiel erfüllt die dargestellten kompetenzförderlichen Eigenschaften. Vielmehr ist die Qualität des Potenzials einer Förderung entsprechender Fähigkeiten abhängig von expliziten Faktoren, die den Spielen innewohnen. So gehört vor allem eine flexible anzupassende Spielstärke der Herausforderungen zu einem entscheidenden Einflussmerkmal. Ist das Spiel zu schwer oder zu einfach und werden die Problemstellungen demnach nicht oder ohne besonderen Aufwand durchlaufen, kann in der Regel kein expliziter Kompetenzerwerb oder -festigung erfolgen.

Gleichzeitig ist die Motivation ein zentraler Aspekt um Fertigkeiten und Fähigkeiten aufzubauen. Durch die attraktive Spielsituation und abwechslungsreiche Möglichkeit verschiedene Herausforderungen anzugehen ist die Motivation Computerspiele zu nutzen in der Regel sehr hoch. Da Motivation gleichzeitig der entscheidende Ausgangspunkt ist um neues Wissen generieren und neue Fähigkeiten aufbauen zu können, bieten Computerspiele ein fruchtbare Basis um einen expliziten Kompetenzerwerb zu vollziehen.

Dabei laufen Serious Games, also solche Spiele die einzig auf der Grundlage programmiert werden um Lerneffekte zu generieren, Gefahr, gerade diese positive Eigenschaft nur eingeschränkt zu nutzen. Oftmals sind die Spielinhalte nur wenig attraktiv, die grafische Aufbereitung nicht zeitgemäß und die Herausforderung und Problemstellungen zu abstrakt und nicht ausreichend im Spiel integriert. Werden diese Situationen dann von den Nutzern explizit als Lernen aufgefasst sinkt der Wille des Weiterspielens zumeist rapide und die Förderung von Kompetenzen ebbt ab.

Ebenso sind Werte und Normen innerhalb der Spiele ein nicht zu unterschätzender Faktor bei der Frage nach Eigenschaften die einen Kompetenzaufbau beeinflussen können. Zwar können die Spieler in der Regel abgrenzen, dass virtuelle Handlungen keine reale Menschen körperlich verletzen, dennoch zeigt sich, dass beispielsweise Verletzungen von realen Werten und Normen innerhalb des Spiels die Motivation hemmen können.

Förderlich hingegen ist es, wenn der Nutzer möglichst auf vielen Kanälen angesprochen wird. So zeigt sich, dass Spiele wie beispielsweise auf der Nintendo Wii, die also neben kognitiven auch körperliche und soziale Herausforderungen abverlangen, deutlich höhere Effekte erzielen, als Spiele, die auf rein kognitiver Basis aufbereitet sind. Dabei gilt weiterhin, dass auch Anzahl, Intellekt und Lösungsstruktur der einzelnen Situationen für den Nutzer hinreichend gerecht aufgebaut sein müssen, um eine kompetenzförderliche Spielsituation zu erschaffen.

Neben der eigentlichen Spielsituation sind bei jugendlichen Nutzern die Eltern ein zentraler Einflussfaktor auf die Förderung von Kompetenzen. Untersuchungen zeigen, dass Erziehungsberechtigte, selbst wenn sie entsprechendes Interesse zeigen, in der Regel unzureichend über Inhalte, Abläufe und Potenziale von Spielen informiert sind. So entsteht nicht selten der fälschliche Eindruck, dass Computerspiele einen negativen Einfluss auf die Entwicklung ausüben und gelten in vielen Familien als Problemthema. So werden die Potenziale der einzelnen Spiele gemindert, die Nutzung der Titel gleichzeitig gehemmt.

Um dies zu umgehen gilt es, klare Verabredungen zu treffen und diese einzuhalten. Dabei können Nutzungsdauer und zu nutzende Spiele besprochen werden und im Einklang mit einem körperlichen Ausgleich wie beispielsweise in einem Sportverein vereinbart werden. Gleichzeitig hilft es, wenn Eltern ein bestimmtes aber nicht aufdringliches Interesse an den Handlungen des Spiels zeigen und sich von ihren Kindern Inhalte, Ziele und Handlungen aufzeigen lassen.

Letztlich ist anzumerken, dass Computerspiele in der öffentlichen Wahrnehmung deutlich sensibler behandelt werden und nicht übergreifend negativ angesehen werden. Da die erste Generation an Computerspielern mittlerweile selbst erwachsen ist und ein entsprechendes Gespür für Sinn und Zweck der Spiele aufgebaut hat, kann das Thema im Allgemeinen deutlich differenzierter betrachtet werden.

Dass es beim eigentlichen Computerspielen zum Aufbau verschiedenster Kompetenzen kommt, ist fundiert verifiziert, doch müssen noch explizite Analysen dahingehend erfolgen, inwieweit dieser Kompetenzaufbau langfristig aufrecht gehalten wird.

Erste Ansätze liefern hier bereits informative Ergebnisse und stellen dar, dass –wie beschrieben- ganzheitliche Fähigkeiten gefördert werden. Hierunter fallen auch beruflich wertvolle Kompetenzen, die ebenfalls von der Art und dem Inhalt der einzelnen Titel abhängen. Allerdings scheint es, als würden Computerspiele, einer gesunden und nicht zu exorbitanten Nutzung vorausgesetzt, einen positiven Einfluss auf die Entwicklung ihrer Nutzer ausüben und Kompetenzen fördern, die im alltäglichen Leben kaum im Fokus stehen.

Somit ist davon auszugehen, dass Computerspiele eine zusätzliche Säule der Entwicklung ganzheitlicher Kompetenzen aufspannt, welche letztlich auch viele berufliche Kompetenzen umfasst. Dabei ersetzen sie die eigentlichen Handlungen der Erziehung und schulischen Bildung nicht, können aber hier positiv wirken, ergänzen und fundieren.

Danksagung

Ein lang ersehnter Traum geht mit der Veröffentlichung meines ersten eigenen Buches für mich in Erfüllung. Doch auch wenn ich jeden einzelnen Buchstaben selbst getippt habe, gebührt an dieser Stelle auch der Dank an einige mir sehr wichtige Menschen, die als Teil dieses witzigen und interessanten Projektes nicht unerwähnt bleiben sollen.

Ich bedanke mich bei Sebastian, der nicht nur dieses Buch, sondern alle meine Diplom-, Master-, Studien- und Hausarbeiten korrekturgelesen hat. Einfach so und ohne jemals etwas dafür zu verlangen.

Ich bedanke mich bei meinem Bruder Roland, der mich mit seinem Atari in die Welt der Computerspiele eingeführt hat und mit dem ich viele Monster, Bösewichte und Zombies in die ewigen virtuellen Jagdgründe geschossen habe.

Ich bedanke mich bei Denis, Carsten, Aaron, Rico, Christian und Andi für die unzähligen virtuellen Meisterschaften, Kämpfe, Rennen, Pokale, Ligen, Siege und Niederlagen, die ich mit euch teilen darf.

Ich bedanke mich bei Prof. Dr. Michael Klebl, der mir auch im Zuge dieser wissenschaftlichen Arbeit stets durch seine Kompetenz und zielführenden Ideen zur Seite stand.

Zum Schluss geht mein Dank an meine wundervolle Frau Sabrina und an meinen kleinen Sohn Fyn. Auf jede Frage die sich mir stellt, seid ihr am Ende die Antwort.

MIX

Papier | Fördert
gute Waldnutzung

FSC® C083411

Zeitfracht Medien GmbH
Ferdinand-Jühlke-Straße 7
99095 Erfurt, Deutschland
produktsicherheit@kolibri360.de